KB250841

7월의 모든 역사

세계사

7月

7월의 모든 역사

● 이종하 지음

디오네

매일매일 일어난 사건이 역사가 된다

역사란 무엇일까. 우리는 왜 역사에 관심을 갖는 것일까.

이 책을 쓰는 내내 머릿속을 맴돌던 질문이다.

아널드 토인비는 역사를 도전과 응전의 개념으로 설명한 바 있다. 그것은 인류사 전체를 아우르는 커다란 카테고리를 설명하기에는 더없이 좋은 개념이다. 그러나 미시적인 문제로 들어가면 이야기가 달라진다. 나일 강의 범람 때문에 이집트에서 태양력과 기하학, 건축술, 천문학이 발달하였다는 것은 도전과 응전으로 설명이 가능하지만, 예술사에서 보이는 사조의 뒤섞임과 되돌림은 그런 논리만으로는 설명이 안 된다.

사실 역사란 무엇인가에 대한 관심은 대학 시절 야학 교사로 역사 과목을 담당하면서 싹텄다. 교과서에 나와 있는 대로 강의를 하는 것은 죽은 교육 같았다. 살아 있는 역사를 강의해야 한다는 생각에 늘 고민이 깊었다. 야학이 문을 닫은 후에 뿌리역사문화연구회를 만든 것도 그런 고민을 해결하지 못했기 때문이다.

약 10년간 뿌리역사문화연구회를 이끌면서 ‘어린이와 청소년을 위한 교실 밖 역사 여행‘ ‘어린이 역사 탐험대‘를 만들어 현장에서 어린이와 청소년을 만났다. 책으로 배우는 역사와 유적지의 냄새를 맡으며 배우는 역사는 느낌이 전혀 달랐다. 불이학교 등의 대안학교에서 한국사 강의를 맡았을 때도 그런 느낌은 피부로 와 닿았다.

그렇다고 역사를 현장에서만 접해야 한다는 것은 아니다. 역사 자체는 어차피 관념 속에 있는 것이며, 그것이 우리에게 구체적으로 구현되는 것은 기록을 통해서이기 때문이다. 역사는 과거이며, 그 과거는 기록으로 존재한다. 그러나 현재에 펼쳐진 과거의 기록은 현재를 해석하는 도구이고, 결국 미래를 향한다.

이 책은 매일매일 일어난 사건이 역사가 된다는 사실에 기초하여, 1월 1일부터 12월 31일까지 일어난 중요한 사건들을 날짜별로 기록한 것이다. 사건의 중요도에 따라 집필 분량을 달리하였으며, 『1월의 모든 역사 - 한국사』『1월의 모든 역사 - 세계사』처럼 매월 한국사와 세계사로 구분하였다. 1월부터 12월까지 총 24권에 걸쳐 국내외에서 일어난 중요한 역사적 사실들을 흥미진진하게 담았다.

이 책에 나와 있는 날짜는 태양력을 기준으로 하였다. 음력으로 기록된 사건이나 고대의 기록은 모두 현재 사용하는 태양력을 기준으로 환산하여 기술하였다. 고대나 중세의 사건 가운데에는 날짜가 불명확한 것도 존재한다. 그것들은 학계의 정설과 다수설에 따라 기술했음을 밝힌다.

수년에 걸친 작업이었지만 막상 책으로 엮으니 어설픈 부분이 적지 않게 눈에 들어온다. 앞으로 그것들은 차차 보완을 거쳐 이 시리즈만으로도 인류 역사의 대부분을 일견할 수 있도록 만들고 싶다.

이 책을 쓰다 보니 매일매일을 성실하게 노력하며 살아야겠다는 생각이 든다. 매일매일의 사건이 결국 역사가 되기 때문이다.

이종하

7월의
모든 역사

7월 1일

.
.
.

1068년 7월 1일

중국 금나라 태조 아구다 태어나다

신라 김부(경순왕敬順王)가 비록 항복하여 고려왕이 합병하였으나 김부의 외손 아구다는 곧 권행의 후예로서 능히 중국을 갈라 다스려 백 년 동안 대를 이었으니…….

-『동명해사록』

중국 지역에서 북송北宋과 요遼가 대립하고 있을 때 만주에는 여진족이 널리 퍼져 농사와 목축을 하고 있었다. 여진은 춘추 전국시대에는 숙신肅愼으로, 한漢나라 때는 읍루挹婁로, 남북조시대에는 물길勿吉로, 수 · 당나라 때에는 말갈靺鞨로 불렸다.

여진이라는 이름은 10세기 초 송나라가 처음으로 사용하였고, 청나라 때는 만주족이라고 불렀다. 특히 요의 호적에 올라 요의 지배를 받던 여진을 숙여진熟女眞이라고 하였고, 지배를 받지 않고 오지의 삼림 지방에 있던 세력을 생여진生女眞이라고 하였다.

아구다(阿骨打 : 1068~1123)는 생여진 중에서 쑹화 강 하류에 있던 완안부完顔部에서 1068년 7월 1일 태어났다. 그는 신라인 함보의 9대손이었다.

완안부는 땅이 비옥하여 농사만으로도 살아갈 수 있었다. 요나라는 이런 상황을 잘 알고 완안부에 여러 가지 공납을 요구하였다. 요나라의 가혹한 공납 요구는 여진인들의 반발을 샀다.

마침내 아구다가 여진족을 모으고 군대를 일으키게 되었다. 아구다는 완안 부족의 수장首長이었던 핵리발(劾里鉢 : 1039~1092)의 둘째 아들이었다. 형 오아속(烏雅束 : 1061~1113)이 1113년에 죽자, 그 뒤를 이어 완안 부족의 수장이 되었다.

이 무렵은 이미 완안부가 생여진을 통합하였을 때였다. 아구다는 1115년에 대금국大金國을 세우고 자신이 황제가 되었다. 그 후 금나라는 세력을 확대하여 1122년에 요의 수도인 연경을 점령하였다. 이듬해 아구다는 송과 맺은 약속에 따라 수도인 상경회령부上京會寧府로 돌아가다 병으로 죽었다.

아구다의 뒤를 이은 태종(太宗 : 1075~1135)은 요를 멸망시키고,

1127년에 송나라의 수도 개봉을 공격하여 휘종(徽宗 : 1082~1135)과 흠종(欽宗 : 1100~1161)을 북으로 끌고 가는 '정강靖康의 변變'을 일으켰다.

또다시 중국 지역에 북쪽의 금과 남쪽의 송이 대립하는 남북조의 형세가 이루어진 것이다. 금이 이처럼 성장할 수 있는 배경에는 군사와 행정의 주축인 맹안猛安 · 모극謀克 제도가 큰 역할을 하였다.

이것은 여진족의 300호를 1모극으로 만들고, 10개의 모극을 합쳐 1맹안으로 만든 것이다. 1모극은 100명의 장정을 뽑아 군인으로 만들어 1모극군으로 하였고, 10모극군이 1맹안군이 되었다. 모극은 족장을, 맹안은 1000을 의미하는 여진어를 한자로 바꾼 것이다.

맹안모극군은 군사뿐만 아니라 행정도 담당하였으며 유목 민족 특유의 단결력으로 큰 힘을 발휘하였다.

또한 왕안석(王安石 : 1021~1086)이 추진한 개혁이 실패하면서 북송의 당쟁이 더욱 요란해졌고 황제가 정치에 관심이 없는 것도 금이 성장할 수 있는 배경이 되었다.

금과 남송은 100년 이상 계속 대립하다가 모두 몽골군에게 멸망당하였다.

*** 1127년 5월 13일 '북송의 황제 휘종, 금나라 군대의 포로가 되다' 참조**

1946년 7월 1일

미국, 비키니 섬에서 최초의 공개 원폭 실험

일본에 떨어진 원자폭탄의 낙진이 채 가라앉기도 전에 미국은 또 다른 핵 실험 준비를 하였다. 작전명은 '크로스 로드Cross Road'였다.

서태평양 마셜제도 북쪽에는 환초環礁로 이루어진 미국령領 비키니 섬이 있다. 미국은 이곳에서 공개적인 핵실험을 실시한다고 발표하였다.

원주민들은 실험에 앞서 남동쪽에 있는 롱게리크 환초로 강제 이주당하였다.

1946년 7월 1일, B29 폭격기는 일본 나가사키에 떨어졌던 것과 같은 성능의 원자폭탄을 섬에 떨어트렸다.

약 2km의 거대한 물기둥이 솟아올랐고 아름답던 바다는 한순간에 불바다가 되었다. 그리고 핵실험의 표적으로 놓아둔 75척의 군함 중 17척이 침몰하거나 크게 파손되었다.

이 실험은 국제연합원자력위원회UNAEC 제1차 회의에서 미국이 제안한 원자력 국제 관리안을 소련을 거부한 직후 실시되었다. 이 때문에 소련에 대한 미국의 무력시위라는 의미를 갖고 있다.

이후 비키니 섬의 거주자들은 방사능 물질의 완전한 제거와 보상을

비키니 섬의 핵실험 장면

요구하였다. 이에 미국 정부는 1985년부터 마련된 기금의 이자로 현재까지 마셜제도 공화국 내 원폭 실험 피해자들에게 보상하고 있다.

한편 1954년 3월 1일 미국은 비키니 섬에서 히로시마에 투하했던 원자폭탄보다 성능이 750~1,150배가 되는 수소폭탄 실험을 강행하였다.

*** 1945년 7월 16일 '미국, 원자폭탄 실험에 성공하다' 참조**

1957년 7월 1일

국제지구물리관측년 개시

1882년과 1883년에 걸쳐 세계 각국의 과학자들은 지구 내외부에서 일어나는 각종 현상을 체계적으로 연구하기 위해 제1차 국제지구극관측년國際地球極觀測年 행사를 가졌다. 50년 뒤인 1932~1933년에는 제2차 행사를 개최하였다.

이 두 차례 행사의 성공으로 1950년 지구물리학자들이 제3차 국제지구극관측년을 제안하였다. 이들의 제안은 극에 관한 연구에 그치지 않고 지구물리학의 더 넓은 분야로 확대되었다.

이에 국제학술연합회의ICSU는 지구와 지구 환경을 체계적으로 연구하기 위해 1957년 7월 1일부터 전 세계 64개국 1,000여 명의 과학자들이 참여하는 국제지구물리관측년(IGY : International Geophysical Year) 행사를 개시하였다.

이 행사에는 오로라, 대기광大氣光, 우주선宇宙線, 지구자기地球磁氣, 빙하학氷河學, 중력重力, 이온층물리학, 경위도 측정, 기상학, 해양학, 지진학,

태양활동 등 지구물리학의 11개 분야를 포함하였다.

이 기간 동안에 기상·전리층·우주선 등에 대한 국제적인 연구가 다양하게 이루어졌다. 반알렌대Van Allen Belt의 발견과 남극 조약이 나올 수 있었던 것도 국제지구물리관측년 기간 동안 지속적인 관측이 이루어졌기 때문이었다. IGY는 1958년 12월 31일까지 지속되었다.

IGY가 성공적으로 마무리되자 태양극소기 국제관측년(1964~1965년), 국제수문학 10개년 계획(1965~1975년), 국제해양탐사 10개년 계획(1970~1980년) 등이 추진되었다. 미국에서는 2004년부터 '국제달탐사 10개년 계획ILD'을 추진하고 있다.

1974년 7월 1일

아르헨티나 대통령 후안 페론, 심장병으로 사망

후안 페론(Juan Domingo Perón : 1895~1974)은 육군사관학교를 졸업하고 육군 대령 신분으로 1941년 군사 쿠데타에 참여하였다.

1944년에는 노동부 장관으로 재직하며 노조에게 노동조건 개선과 임금 인상을 약속함으로써 노조를 자신의 지지 기반으로 만드는 데 성공하였다.

그리고 1946년에 치러진 아르헨티나 대통령 선거에서 노동자 밀집 거주 지역의 대규모 지지에 힘입어 대통령에 당선되었다.

6월 4일 대통령으로 취임한 후안은 그러나 언론을 탄압하고 외국자본을 배척하는 정책을 펴기 시작하면서 많은 반발을 사기 시작하였다. 결국 1955년 쿠데타로 물러났다.

후안은 1973년 재기에 성공하면서 다시 대통령이 되었지만 건강에 무리가 왔다. 그래서 그는 이듬해인 1974년 6월 29일 자신의 세 번째 부인인 이사벨 페론(Maria Estela Martinez de Perón : 1931~)에게 대통령직을 승계하였다.

그리고 이틀 만인 7월 1일 후안은 심장병으로 사망하였다.

* 1946년 6월 4일 '후안 페론, 아르헨티나 대통령에 취임' 참조
* 1974년 6월 29일 '아르헨티나의 이사벨 페론, 세계 첫 여성 대통령으로 취임하다' 참조

1997년 7월 1일

영국, 홍콩을 중국에 반환

1842년에 중국은 영국과 난징조약南京條約을 맺어 홍콩을 영국에 넘겨주었다. 그리고 1898년 6월 9일 제2차 베이징조약으로 영국은 1999년까지 홍콩을 조차組借할 수 있게 되었다.

그 후 중국과 영국은 1997년에 홍콩의 주권을 영국에서 중국으로 이전하는 것에 동의하는 조약에 서명하였다.

그리고 마침내 1997년 6월 30일 11시 59분, 군악대의 영국 국가國歌인 「신이여 여왕을 보호하소서God Save the Queen」 연주가 울려 퍼지는 가운데 영국 국기와 영국 황실령 홍콩기가 서서히 내려왔다.

시계 바늘이 7월 1일 0시를 알리자, 중국 국가인 「의용군 행진곡義勇軍進行曲」이 우렁차게 울리고, 중국 국기 오성홍기와 홍콩 특구기가 게양되

었다.

이로써 홍콩에서의 영국사史는 과거로 묻혀 버렸다.

*** 1898년 6월 9일 '영국, 제2차 베이징조약 체결로 홍콩 통치' 참조**

1967년 7월 1일

유럽공동체 설립

유럽공동체EC는 유럽 경제 공동체EEC, 유럽 석탄 철강 공동체ECSC, 유럽 원자력 공동체Euratom를 통합하여 1967년 7월 1일에 설립한 기구로, 평화와 경제 번영을 위한 유럽 통합을 목적으로 하고 있다.

유럽공동체의 창립 회원국은 벨기에 · 프랑스 · 서독 · 이탈리아 · 룩셈부르크 · 네덜란드 등 6개국이며, 1973년에 영국 · 덴마크 · 아일랜드가 가입하여 확대되었다.

1993년 11월에 마스트리흐트 조약이 발효됨에 따라 1994년 1월부터 유럽연합EU으로 공식 명칭을 바꾸었다.

2012년 현재 총 15개 회원국이 있으며, 본부는 벨기에의 브뤼셀에 있다.

*** 1957년 3월 25일 '유럽 경제 공동체EEC 창설을 위해 로마 조약 체결' 참조**

7월 2일

1839년 7월 2일

노예선 아미스타드호에서 선상 반란이 일어나다

미합중국 대 아미스타드호 흑인들 재판에서 본 법정은 그동안 기소의 논거가 되어 왔던 1795년 스페인과 미국의 조약을 적용할 수 없다. 상기 조약 9조에 탈취한 선박과 화물은 소유주에게 반환한다고 규정되어 있으나 본 법정은 이 흑인들을 화물로 인정할 수 없다. 이들의 신분은 노예가 아니므로 상품으로 간주할 수 없다. 오히려 자유를 박탈하는 자들에게 저항할 법적 도덕적 권리를 지닌 자유로운 개인이다. 이에, 1인의 소수 의견과 함께 본 법정은 피고들을 즉각 석방하고 그들이 원한다면 아프리카로 귀향 조치할 것을 명한다.

- 아미스타드호 사건 관련 미합중국 대법원 판결문

1839년 이른 봄, 서아프리카 해안 시에라리온의 노예 수용소로 납치된 아프리카인들은 노예선에 실려 대서양 건너편 쿠바에 도착하였다. 그곳에서 스페인 노예 상인 2명에게 팔려 6월 27일 아미스타드호la Amistad에 실린 채 아바나 항구를 출발하였다.

그런데 배가 출발한 지 5일 후인 7월 2일, 쿠바에서 32km 떨어진 해상에서 노예로 팔려 가던 53명의 아프리카인이 반란을 일으켰다.

배 안에 설치된 감옥에 있던 수감자들은 녹슨 줄을 찾아내 탈출에 성공하였다. 이어 줄기 베는 칼cane knives을 들고 무장한 이들은 아미스타드호를 장악하였다. 그들은 백인 2명만 살려두고 선원들을 모두 살해하였다. 그리고 자신들을 아프리카의 집으로 보내 줄 것을 요구하였다.

항해 기술이 없었기에 그들은 살려 둔 백인 2명에게 키를 맡겼다. 그러나 배의 항해사인 돈 페드로 몬테즈는 낮에는 아프리카를 향해 동쪽으로 가는 척하다가 밤이 되면 방향을 바꿔 북아메리카 해안을 이탈하지 않으려 안간힘을 썼다.

두 달 뒤 북쪽 코네티컷 해안에서 미국 해양 국경 감시대가 이 노예선을 발견하였고, 배에 타고 있던 사람들은 체포되어 살인 혐의로 감방에 갇혔다.

이어 아미스타드호에 탑승했던 흑인 노예들은 연방 지방 법원에서 재판을 받게 되었다.

1808년 이후 아프리카에서 미국으로 노예를 수송하는 것은 불법이었기에 아미스타드호 주인들은 아프리카인들이 쿠바에서 태어났다고 거짓말하였다. 이 재판에서의 쟁점은 다음과 같았다.

첫째, 이 아프리카인들은 구조된 조난자인가

둘째, 이 아프리카인들은 쿠바 상인들의 소유인가 아니면 스페인의 이사

벨라 2세 여왕의 소유인가

셋째, 이 아프리카인들은 자유인인가

1840년 1월 법원은 아프리카인이 자유인이므로 정부 감독 아래 아프

리카로 송환해야 한다고 판결하였다.

재판 기간 내내 감방에 갇혀 있던 아프리카인들은 이 소식을 듣고 환

호하였다. 하지만 당시 미국과 스페인 간에 맺은 조약에 따르면 미국 정

부는 아프리카인들을 스페인의 재산으로 인정하고 반환해야만 하였다.

아프리카인을 자유인으로 본 미국 법원과 상반된 시각이었다. 스페

인 정부에 대한 의무 때문에 미국 정부는 연방 대법원에 항소를 제기하

였다.

이 재판에서 74세의 고령으로 전직 대통령인 존 애덤스(John Quincy

Adams : 1767~1848)가 아프리카인을 위해 변론을 맡았다.

1841년 3월 9일 대법원은 아프리카인들이 '자유인으로 태어났으므

로' 자유인의 권리가 있고, 따라서 노예 상인들의 재산이 될 수 없다고

판결하였다. 판결에 따라 생존자들은 1842년 아프리카로 돌아갔다.

하지만 아미스타드 사건은 미국 내 심각한 국론 분열을 야기하였고

남부와 북부의 의원들은 극단적으로 다른 반응을 보였다. 20년 뒤 결국

남북전쟁이 터졌다.

한편 이 사건은 1997년 스티븐 스필버그(Steven Allan Spielberg :

1946~) 감독에 의해 「아미스타드Amistad」라는 제목의 영화로 제작되기도

하였다.

1961년 7월 2일

미국의 작가 어니스트 헤밍웨이,
엽총으로 자살하다

"현대 전쟁에서 죽는 것에는 전혀 아름다운 것도 타당한 것도 없다. 아무 이유도 없이 개처럼 죽을 따름이다."

-어니스트 헤밍웨이

어니스트 헤밍웨이(Ernest Miller Hemingway : 1899~1961)는 1899년 시카고 교외의 오크파크에서 태어났다.

그는 고등학교를 졸업하고 「캔자스시티 스타」지紙의 기자가 되었다. 그리고 1923년에 3편의 단편을 써서 작가로 등단하였다.

헤밍웨이는 전쟁에서 상처받은 사람들의 메마른 허무감과 절망적 쾌락을 그린 『해는 또다시 떠오른다The Sun Also Rises』로 명성을 얻기 시작하였다. 이 작품을 통해 '로스트 제너레이션Lost Generation' 대표 작가로 자리매김하였다.

그는 문명에 비판적이었으며 그 속에서 힘겹게 살아가는 비극적인 인간의 모습을 특유의 간결하고 힘찬 하드보일드hard-boiled풍의 문체로 그려냈다.

헤밍웨이는 1952년에 발표한 「노인과 바다The Old Man and the Sea」로 풀리처상과 노벨문학상을 받았다. 「노인과 바다」는 대어를 낚으려고 고군분투하는 늙은 어부의 모습을 통해 슬럼프에 빠진 노년의 헤밍웨이를 형상화했다는 평가를 받기도 하였다.

이외에도 헤밍웨이는 『무기여 잘 있거라A Farewell to Arms』『누구를 위하여 종은 울리나For Whom the Bell Tolls』 등 6편의 장편과 「킬리만자로의 눈The Snow of Kilimanjaro」 등 50여 편의 단편을 남겼다.

헤밍웨이는 젊은 시절 정열적인 행동가였지만, 말년에는 비행기 사고로 중상을 입어 요양하며 지냈다.

그리고 1961년 7월 2일 겨울철 휴양지로 유명한 아이다호 주 케첨에서 엽총으로 자살하였다.

사고로 손이 불편해져 글을 쓸 수 없게 된 것에 대한 불안과 우울증이 자살 원인으로 추정되었다.

1865년 7월 2일

영국의 윌리엄 부드, 구세군 창설

크리스마스 무렵이면 등장하는 자선냄비는 1891년 미국의 한 구세군 사관이 주방 냄비를 길에 걸어 놓고 '이 냄비가 끓게 해 주십시오'라는 글을 쓰고 모금한 것에서 유래하였다.

1865년 7월 2일, 영국의 감리교 목사 윌리엄 부드(William Booth : 1898~1973)는 그의 부인 캐서린 부드(Catherine Booth : 1829~1890)와 함께 런던의 슬럼가에서 '기독교 선교회'를 창설하였다.

이들은 이 선교회를 통해 소외 받는 사람들에게 더 가까이 가는 교회를 만들기 위해 노력하였다.

그래서 설립 초기에는 주로 서민층이 살고 있는 동부 지역 빈민가 등을 찾아가 노방전도를 했으며, 기독교 신앙의 전통을 따르는 교리를 가지고 선도와 교육, 가난 구제, 기타 사회사업 등을 하였다.

기독교 선교회는 1878년에 '구세군The Salvation Army'이라는 이름으로 바꾸고 조직의 구조를 군대식으로 정하였다. 초대 대장은 부드가 맡았다.

구세군은 국제적인 단일조직으로, 각 군국軍國에는 사령관이 있고 지역 사령부에는 지역 사령관이 있다. 또한 군국마다 각 지방을 관장하는 지방 장관이 있으며, 각 지방에는 소속된 영營이 있다.

이후 구세군은 전도 생활과 함께 사회에서 낙오하고 천대받는 사람들에게 다양한 사회복지 프로그램들을 제공하고 있다.

우리나라에는 1908년 영국에서 구세군이 들어왔다.

1994년 7월 2일

미국 월드컵에서 자살골을 기록했던 콜롬비아의 에스코바르 피살

1994년 7월 2일 콜롬비아 메델린 시의 한 나이트클럽 밖 주차장에서 12발의 총성이 울렸다. "골, 골, 골"을 외치며 방아쇠를 당긴 괴한에게 콜롬비아 축구 대표팀 수비수인 안드레스 에스코바르(Andres Escobar Saldarriaga : 1967~1994)가 피살당한 것이었다.

1994년 미국 월드컵에서 콜롬비아는 강력한 우승 후보로 손꼽히고 있었다. 남미 지역 예선에서는 강호 아르헨티나를 여유롭게 따돌리기도 하였다. 콜롬비아는 28년 만에 본선에 오른 1990년 이탈리아 월드컵에서 16강 진출이라는 역대 최고 성적을 거두었다. 그렇기 때문에

1994년 미국 월드컵을 앞두고 국민들의 기대는 더욱 클 수밖에 없었다.

하지만 콜롬비아는 예선 1차전에서 루마니아에 1대 3, 2차전에서 미국에 1대 2로 지고 말았다. 특히 미국과의 경기에서 에스코바르는 공을 걷어내려다가 자기 골대로 자책골을 넣고 말았다.

결국 콜롬비아는 16강 진출에 실패하였다. 콜롬비아 국민들의 분노는 대단하였다. 마약 조직인 '메데인카르텔'은 "선수들이 귀국하는 대로 살해하겠다."고 협박하기도 하였다.

에스코바르는 죄책감을 안고 홀로 귀국하였다. 그리고 귀국한 지 얼마 되지 않은 이날 단지 미국 월드컵에서 자책골을 기록했다는 이유만으로 고국에 돌아와 살해당하였다.

다음 날, 전직 경호원 출신의 움베르토 무뇨스 카스트로가 검거되었다. 그는 법정에서 "직접적인 살해 동기는 자살골이 아니며 주차 문제로 다투다 우발적으로 총을 쏘게 됐다."고 밝혔다.

법원은 그에게 43년형을 선고하였다. 하지만 카스트로는 11년 만인 2005년 모범수로 가석방되었다.

에스코바르의 죽음은 갈등과 반목, 폭력 등 축구의 부정적인 측면을 가장 극단적으로 보여 준 사건으로 평가받고 있다.

1877년 7월 2일

독일 작가 헤르만 헤세가 태어나다

"새는 알을 깨고 나온다. 알은 새의 세계이다. 태어나려는 자는 한 세계를
파괴하지 않으면 안 된다. 새는 신을 향해 날아간다. 그 신의 이름은 아프
락사스다."

-헤르만 헤세,『데미안』

헤르만 헤세(Hermann Hesse : 1877~1962)는 1877년 7월 2일 남독일
뷔르템베르크의 칼프에서 태어났다. 그의 외할아버지는 유명한 신학자
였고, 아버지는 목사였다. 인도에서 태어난 어머니 또한 활발하고 신앙
심이 깊었다.

이런 분위기에서 자란 헤세는 1890년 라틴어 학교에 입학하고 이듬
해에 마울브론 신학교에 들어갔다. 하지만 그는 학교의 구속을 이기지
못하여 뛰쳐나오고, 교과서를 팔아 권총을 사는 등 안정되지 못한 생활
을 하였다. 헤세의 이런 모습은 엄격하고 획일적인 학교 교육의 탓이었
다. 결국 그는 신학교를 중퇴하고 말았다. 이후 헤세는 칼프에 있는 시
계 공장에 들어가 거기에서 문학수업을 시작하였다.

헤세의 작품은 제1차 세계대전을 중심으로 전·후반기로　나눌 수
있다. 전반기 그의 작품은 독일 문학의 낭만주의적 전통을 따르고 있으
며, 현대사회에 적응하려는 노력과는 다르게 결국 실패하고 마는 인간
의 모습을 주로 그리고 있다.

전반기의 주요 작품으로는 처녀 시집인「낭만적인 노래」, 최초의 장

편소설인 『페터카멘친트』와 『수레바퀴 밑에서』 『크눌프』 등이 있다.

1914년 제1차 세계 대전이 일어났을 때 헤세는 독일인으로서 전쟁에 찬성하는 모습을 보였지만, 전쟁이 진행되면서 비판적인 글을 써나갔다. 당시 문학가들이 독일의 침략을 찬양하자 그해 11월에 「친구여, 제발 그쳐다오!」라는 글을 발표하였다.

이 때문에 헤세는 많은 비판을 받았으며, 결국 스위스로 국적을 바꿔버렸다. 이 시기는 헤세에게 무척 힘든 시기였다. 그는 뇌막염을 앓게 된 아들을 간호해야 했고, 아버지가 사망하였다. 아내는 정신질환으로 병원에 입원하였고 그도 정신과 치료를 받았다.

시련 때문인지 헤세는 점차 동양사상과 정신분석학에 빠져들면서 전반기와는 다른 글을 쓰기 시작하였다. 『데미안』 『싯다르타』 『지와 사랑』 같은 소설이 후반기 작품이며, 1943년에는 그에게 노벨문학상을 안겨준 미래 소설 『유리알 유희』를 썼다.

비이성적인 두 차례의 세계 대전이 끝나자 그의 글들이 독일에서 출판되었으며, 그의 업적을 기리는 행사가 곳곳에서 벌어졌다. 헤세는 자신이 써온 글들을 정리하면서 1962년 8월 9일 85세를 일기로 생을 마감하였다.

7월의
모든 역사

7월 3일

1863년 7월 3일

미국 남북전쟁의 최대 전투인 게티즈버그 전투가 끝나다

'제 부하가 작전 계획을 망쳐 놓았다고 하여 책임을 그에게 지워서는 안 됩니다. 또 국민의 기대를 비난하는 것도 당찮습니다. 모든 책임은 저에게 있을 뿐입니다.'

-로버트 에드워드 리

미국 남부군의 로버트 에드워드 리(Robert Edward Lee : 1807~1870) 장군은 게티즈버그 전투의 패배 원인을 자기 탓으로 돌리는 편지를 제퍼슨 데이비스(Jefferson Davis : 1808~1889) 대통령에게 보냈다.

남부군이 1861년 4월 북부의 섬터 요새Fort Sumter를 공격하면서 시작된 남북전쟁은 게티즈버그 전투를 계기로 북부군에게 유리하게 돌아가기 시작하였다.

섬터 요새 공격 후 북부에서는 남부 연합의 수도인 리치먼드를, 남부에서는 워싱턴을 점령하기 위해 작전을 서둘렀다. 하지만 전쟁은 누구에게 절대적으로 유리한 상황으로 흐르지 않고 장기화되었다.

이듬해인 1862년 4월, 북부군은 다시 리치먼드 공격을 목표로 15만 명의 병력을 투입하였다. 그러나 남부군 사령관 리 장군의 활약으로 공격은 성공할 수 없었으며 오히려 9월에는 리 장군의 반격을 맞았다.

리 장군은 다음 해 5월에 챈설러즈빌에서 북부 연합군을 격파한 뒤 펜실베이니아 진격 작전을 계획하였다.

리 장군이 펜실베이니아를 공격한다는 것은 수도인 리치먼드를 무방비 상태로 만드는 위험한 작전이었다. 하지만 전쟁에서 최종적으로 승리하기 위해서는 모험이 필요하였다.

만약 펜실베이니아를 점령하고 계속해서 워싱턴까지 점령할 수 있다면 유럽의 제국들로부터 남부연합이 정식으로 승인받게 될 것으로 판단하였다.

부하가 리 장군에게 물었다. "장군님, 만약 장군이 안 계시는 동안 북군이 리치먼드를 공격하면 어떻게 하시겠습니까?" 장군의 대답은 간단했다. "그때는 손에 쥐고 있는 여왕 카드를 바꿔 가지면 되지."

리 장군은 군대를 3군단으로 나누어 출동시켰고, 북부군은 조지 고

든 미드(George Gordon Meade : 1815~1872) 장군의 지휘에 따라 게티즈버그에 포진하였다. 마침내 7월 1일 게티즈버그 전투가 시작되었다.

다음 날 리 장군은 북부군을 섬멸하기 위한 총공격을 개시하였다. 북부군의 오른쪽에 있던 군대 일부를 패배시켰지만, 반대편에는 큰 타격을 주지 못하였다. 3일째 되는 날에도 전투가 시작되었으나 남부군의 공격은 효과적이지 못하였다.

리 장군이 가장 중요한 명령을 내렸다. "골짜기를 가로질러 북부군의 중앙을 돌파하라." 정면승부를 건 것이었다. 1만 5,000명의 남부군이 구릉 사이의 골짜기를 가로질렀다. 북부군 역시 정면으로 대응하였다.

남부군의 아미스테드 장군은 잠시나마 세미트리 리지 정상에 남부군의 깃발을 꽂았지만 곧 북부군의 공격으로 깃발은 꺾였다. 전세가 남부군에 점점 불리하게 전개되었다.

리 장군은 결국 후퇴 명령을 내렸다. "포토맥 강을 향해 후퇴하라."

이 전투에서 남부군은 2만 5,000명, 북부군은 2만 명의 전사자가 나왔다.

게티즈버그 전투는 7월 3일 북부군의 승리로 끝났고 모든 병사와 물자를 다 써 버린 남부군에게 패배의 짙은 그림자가 드리워졌다.

* 1861년 4월 12일 '미국, 남북 전쟁 발발' 참조
* 1865년 4월 9일 '미국 남북 전쟁이 종식되다' 참조

1921년 7월 3일

코민테른, 프로핀테른 창설

제2인터내셔널이 서유럽과 북유럽을 중심으로 국제 노동조합 연맹을 결성하자, 이에 대항하여 코민테른이라 불린 제3인터내셔널이 1921년 7월 3일 소련 모스크바에서 프로핀테른Profintern을 창설하였다. '적색 노동조합 인터내셔널'이라고도 한다.

여기에는 42개국의 혁명적 노동조합 대표가 참여하였다. 혁명적 공산당계 노동조합 실현을 목적으로, 노동조합의 통일 행동과 조직 통일, 반反파시즘 투쟁을 주요 활동으로 하였다.

또한 8시간 노동제를 위한 투쟁과 파업 전략 등 노동운동을 전개했으며, 제2인터내셔널 산하 노동조합과의 연대 강화를 지속적으로 추진하였다.

이들은 1936년 3월에 제2인터내셔널 계열의 노동 총동맹과 합동 대회를 개최했으나, 프로핀테른의 노선이 노동자 대중과 화합하지 못한 채 고립되었다. 그러자 프로핀테른은 1937년에 해산을 결정하였다.

이 조직의 전통과 경험은 제2차 세계 대전 후인 1945년 10월에 결성된 세계 노동조합 연맹에 계승되었다.

프로핀테른은 일제시대 우리나라의 독립 운동에도 영향을 주었다. 신간회를 민족 개량주의 조직으로 규정한 것도 이 조직이다.

1962년 7월 3일

프랑스, 알제리 독립 승인

아프리카 북서부 지중해 연안에 있는 알제리는 16세기 이후 오스만 제국의 지배를 받았다.

1830년 프랑스군은 바르바리 해적의 약탈이 수세기 동안 지중해 무역을 위협했다는 것을 구실로 알제리를 점령하고 식민 지배를 시작하였다.

그러나 제2차 세계 대전이 끝난 후 알제리에서 독립운동이 일어났다. 그리고 1954년 급진적인 알제리 민족주의자들이 민족해방전선FLN을 결성하였다. 그들은 프랑스 세력을 몰아내기 위해 정치 지도자나 관공서를 공격하면서 독립 전쟁을 시작하였다.

1962년 3월 알제리 임시정부는 프랑스와 에비앙 협정을 맺었다. 에비앙 협정은 알제리의 독립을 보장하는 협정이었다. 그리고 7년간의 전쟁을 종결하였다.

이에 따라 프랑스 정부는 7월 3일 알제리의 독립을 승인하였다.

이후 알제리는 FLN 내분과 장기 집권으로 인해 반反정부 운동이 일어났다. 또한 이슬람교 근본주의 세력과의 갈등으로 내전에 휩싸이기도 하였다.

7월 4일

1187년 7월 4일

이슬람의 살라딘, 하틴 전투에서 승리하다

-하틴 전투에서의 살라딘 기록화, 작자 미상

1071년 이슬람교를 믿는 중앙아시아의 셀주크 투르크족이 오늘날의 터키 지역을 점령하였다. 이어 차례로 시리아, 중앙아시아, 이집트를 정복하여 셀주크 투르크 제국을 건설하였다.

1127년 셀주크 왕조의 술탄 무하마드가 이마드 앗딘 장기(Imād al-Dīn Zankī : 1085~1146)를 모술 총독에 임명하고 장기 왕조를 세웠다. 장기 왕조는 신자르·자지라·하마 등으로 영토를 넓혔다.

1146년 장기는 나라를 둘로 나누어 시리아는 누르 아딘(Nur ad-Din : 1118-1174)에게, 이라크 북서부와 시리아 북동부의 자지라는 사이프 앗딘 가지 1세(Saif ad-Dīn Ghazi Ⅰ : ?~1149)에게 다스리게 하였다.

누르 아딘은 33세의 청년에게 파티마 왕조가 다스리던 이집트를 맡겼다. 그 청년이 바로 이슬람 세력을 기독교의 십자군 원정에서 지켜낸 살라딘(Saladin : 1137~1193)이었다.

살라딘은 1137년 오늘날의 이라크 티크리트에서 쿠르드 족의 귀족인 나즘 앗딘의 장남으로 태어났다. 본명은 '살라흐 앗딘 유수프 이븐 아이유브'이다. 그는 당시 이슬람 세계의 정치 및 문화 중심지 가운데 하나였던 다마스쿠스에서 성장하면서 굳건한 이슬람 신앙과 금욕주의적 생활 방식을 체득하였다.

나즘 앗딘은 아들 살라딘을 얻은 직후에 모술로 가서 이마드 앗딘 장기의 휘하로 들어갔다. 1146년에 장기가 사망하자 그 뒤를 이은 누르 아딘에게도 충성을 바쳐 신임을 얻었다.

1163년에 살라딘은 숙부인 시르쿠와 함께 이집트 원정에 나섰다. 1169년에 시르쿠는 카이로에 입성하고 이집트를 정복하였지만, 불과 두 달 만에 갑작스레 사망하였다.

곧바로 누르 아딘은 살라딘을 이집트 총독으로 삼았다. 살라딘은 아이유브 왕조를 세웠고, 1174년에 누르 아딘이 사망하자 그의 지역마저 점령하였다.

1187년 6월 26일 살라딘은 예루살렘을 회복하기 위해 행군을 시작하였다. 1099년 7월 제1차 십자군 원정의 결과, 예루살렘은 교황이 지배하는 영토로 바뀐 상태였다.

7월 1일 살라딘의 군대는 티베리아스 남서쪽에 주둔하고 유럽에서 원정 온 프랑크족을 기다렸다. 만약 프랑크족이 예루살렘 성을 지켰다면 살라딘의 군대를 막을 수도 있었다. 하지만 프랑크족은 살라딘의 군대와 대결하기로 결정하였다.

7월 4일 날이 밝았다. 살라딘은 병사들에게 직접 화살을 한 움큼씩 나누어 주며 "오직 가장 높으신 신께서만이 우리를 구원해 주실 것이다."라고 격려하였다.

두 군대는 지중해와 갈릴리 호수 중간에 위치한 하틴 남서쪽의 루비아 부락에서 격돌하였다. 살라딘의 군대는 중앙이 뒤로 물러서면서 양쪽 날개를 앞으로 돌려 진군하였다.

이들은 적의 모습이 보이자, 하늘을 뒤덮는 메뚜기 떼처럼 화살을 프랑크족 군대에 쏟아 부었고 바로 백병전을 하였다. 프랑크족의 저항이 만만치 않자 살라딘은 후퇴 명령을 내렸다. 그러다 프랑크족이 너무 전진해 오면 다시 공격하고 후퇴하기를 반복하였다.

싸우기 전날 밤 물을 제대로 마시지 못한 프랑크족의 군대는 갈증으로 더 이상 대항하기 힘들었다. 더군다나 살라딘의 군대가 바람을 이용해 불을 놓아 프랑크족 군인들은 앞을 볼 수 없었다.

이 전투의 마지막 장면을 살라딘의 아들 알 아프달(Al-Afdal : 1169~1225)은 이렇게 전하였다.

"하틴 전투는 내가 처음으로 참가한 정규전이었다. 나는 아버지 곁에 있었다. 프랑크족의 왕이 언덕으로 물러나자 그를 따르는 기사들이 무슬림 군대를 막았다. 하지만 이들은 아버지를 보자 무척 당황해 하였다. 아버지가 '저들을 공격하라.'고 소리치니 무슬림의 병사들이 그들을 덮쳤다. 나는 소리쳤다. '아버지, 승리했어요.' '가만 있거라. 저들의 천막이 아직 그곳에 있다.' 그 순간 왕의 천막이 뒤집혔다. 그러자 아버지는 말에서 내려 기쁨의 눈물을 흘리며 신께 감사의 기도를 드렸다."

결국 살라딘은 유럽의 십자군을 팔레스타인 북동부의 하틴에서 무찔렀다. 하틴 전투 승리로 사기가 오른 살라딘의 군대는 파죽지세로 팔레스타인 해안가에 위치한 유럽인들의 영토로 쳐들어갔고, 10월 2일 88년간 유럽인들의 왕국이었던 예루살렘을 마침내 굴복시켰다.

이어 잉글랜드의 리처드 1세(Richard Ⅰ : 1157~1199)와 프랑스의 필리프 2세(Philip Ⅱ : 1165~1223)가 참여한 십자군의 제3차 원정이 있었지만 살라딘은 1192년 휴전조약을 맺음으로써 예루살렘을 잘 지켜냈다.

이후 지중해를 두고 살라딘의 아이유브 왕조와 유럽 제국이 대치하는 국면이 형성되었다.

살라딘은 55세에 세상을 떠났다. 그러나 왕은 남기고 간 것이 없어 아들은 장례 비용까지 남에게 빌려야 했다.

1776년 7월 4일

미국, 필라델피아에서 독립 선언을 하다

한 대륙이 한 섬의 통치를 영원히 받아야 한다고 생각하는 것은 어리석은 일이다. 뿐만 아니라 군주들의 권력은 강도나 다름없는 귀족들로부터 나오는 것임을 분명히 알아야 한다. 독립이란 단순히 우리 스스로 법률을 만드느냐 아니면 그것을 국왕에게 맡기느냐 하는 것을 분명히 하는 것이다.

－토마스 페인,「상식」

17, 18세기의 북아메리카에서는 인디언, 영국, 프랑스의 세력 다툼이 계속되었고, 영국이 최종 승자가 되었다. 1607년 영국은 인디언의 고장인 북아메리카의 제임스타운에 식민지 마을을 건설하였다.

1619년 제임스타운에 아메리카 대륙 최초로 의회가 생겼지만 영국은 식민지에 대한 차별과 착취를 그치지 않았다.

대표적인 것이 1765년 3월, 영국이 북아메리카 식민지에 시행하려 했던 인지세법Stamp Act이었다. 이 법은 본국의 재정 궁핍을 식민지인들이 내는 세금을 통해 보충하기 위한 것이었다. 영국의 착취가 강할수록 식민지인들의 저항도 거세어졌다. 인지세법에 대해서 보스턴의 법률가 제임스 오티스(James Otis : 1725~1783)는 "대표 없는 곳에 과세 없다."고 저항하였다.

영국이 식민지 방위를 맡고 있는 영국군을 유지하기 위해 1767년 타운센드법을 발표하자 뉴욕과 필라델피아 등지에서는 조직적인 보이콧이 일어났다. 1773년에는 식민지인들이 보스턴 차 사건을 일으켜 영국에 저항하였다. 영국이 보스턴 차 사건에 대해 강경 대응 방침을 세우자, 1774년 전 식민지주의 대표들이 필라델피아에 모여 대륙회의를 열었다. 그리고 1775년 4월 렉싱턴과 콩코드에서 처음으로 영국군과 식민지 농민의 전투가 벌어졌다.

1776년 1월, 토마스 페인(Thomas Paine : 1737~1809)은 정치 팸플릿 「상식Common Sense」을 발표하였다. 여기에서 페인은 영국과 식민지인들의 전통적인 유대가 아닌 독립을 주장하였다. 이에 대영제국의 구성원으로 남으려고 했던 온건한 식민지인들은 큰 충격을 받았다. 「상식」은 식민지 농촌에서 급진파의 성서처럼 인정되었으며, 식민지인들에게 독립 운동을 일으키도록 깨우쳤다.

마침 이때 대륙회의가 열리고 있었는데, 여기에서 최초로 독립 문제가 공개적으로 논의되었다. 13개 주州는 개별적으로 독립 정부를 수립하기 시작하였다. 그리고 7월 4일 다시 한 번 대륙회의가 열려 「독립선언서」를 채택하고 아메리카의 독립을 선언하였다.

모든 인류는 나면서부터 평등하고 조물주는 인간에게 몇 가지 남에게 넘겨줄 수 없는 권리를 주었다. 그 권리 가운데 생명과 자유와 행복을 추구하는 권리가 있다는 것은 의심할 수 없는 진리이다. 이 권리를 확보하기 위해 인류는 정부를 만들었으며, 정부의 정당한 권력은 통치를 받는 국민의 동의로부터 나오는 것이다. 어떠한 형태의 정부이든 이러한 목적을 파괴하였을 때에는 그 정부를 변혁 내지 파멸하여 새로운 정부를 조직하는 것이 국민의 권리이다.

「독립 선언서」의 초안은 토마스 제퍼슨(Thomas Jefferson : 1743~1826)이 만들었고 벤저민 프랭클린(Benjamin Franklin : 1706~1790)과 존 애덤스(John Adams : 1735~1826)가 다듬었다.

여기에는 군주권君主權을 반박하고 자연법에 의하여 인간이 태어나면서부터 가지게 되는 자연권自然權을 주장하는 내용이 담겨져 있다.

이후 미국은 1777년 새러토가 전투와 1781년의 요크타운 전투에서 영국군을 물리쳤다.

그리고 프랑스의 도움을 받아 1783년에는 파리 조약을 체결하여 독립을 획득하였다.

* 1765년 3월 23일 '영국 의회, 인지 조례 통과' 참조
* 1773년 12월 16일 '보스턴 차 사건 발생' 참조
* 1775년 4월 19일 '미국 독립 전쟁 콩코드 전투가 시작되다' 참조

1946년 7월 4일

필리핀, 미국에게서 독립

1898년 6월 독립운동가 에밀리오 아기날도(Emilio Aguinaldo : 1869~1964)가 스페인으로부터 필리핀의 독립을 선언하면서 필리핀 공화국이 탄생하였다.

하지만 스페인으로부터 필리핀을 물려받은 미국이 1902년에 필리핀인들의 저항을 물리치고 다시 식민 통치하였다.

이에 필리핀 국민들은 다시 독립 운동을 시작하였다. 필리핀 국민들

의 독립을 위한 투쟁이 사라지지 않자 결국 미국은 1907년에 자치권을 부여하였다.

제2차 세계 대전이 끝난 1946년 4월, 필리핀은 총선을 거쳐 마누엘 로하스(Manuel Roxas : 1892~1948)를 초대 대통령으로 선출하였다.

그리고 7월 4일에 미국으로부터 정식으로 독립하였다. 스페인의 식민 지배 기간까지 포함하여 무려 425년 만의 일이었다.

*** 1898년 6월 12일 '아기날도, 필리핀 독립을 선언' 참조**

7월 5일

1997년 7월 5일

미국 무인 탐사선 패스파인더호, 화성에 착륙하다

기껏 지구인들은 화성에 다른 인간이 살고 있을지도 모른다고 생각할 뿐이다. 그러나 우주 저 멀리에서 뛰어난 지능과 냉혹하고 차가운 마음을 가진 존재들이 푸른 지구를 부러운 눈으로 지켜보면서 그들의 계획을 진행시키고 있었다.

-허버트 웰스, 『우주 전쟁』

1996년 12월 4일 미국의 화성 탐사선 패스파인더호가 미국 케이프 커내버럴 우주기지에서 발사되었다. 7개월 동안 1억 9,100만km를 날아간 패스파인더호는 1997년 7월 5일 광활한 아레스 벨리스 평원에 도착하였다.

착륙 후 길이 630mm의 소형 로봇 소저너호가 화성 표면으로 내려갔다. 태양 전지판과 카메라, 데이터 전송용 안테나, 그리고 냄새를 맡을 수 있는 후각 장치가 설치되어 있는 소저노호는 초속 1cm의 속도로 이동하면서 1만 장 이상의 화성 표면 사진과 400만 가지 이상의 화성 대기 정보 등을 지구에 보냈다.

과학자들이 받은 정보를 분석한 결과, 착륙 지점인 아레스 벨리스 평원은 300만 년 전쯤에 홍수가 일어나 침식 작용이 있었다는 것이 밝혀졌다. 이 사실을 통해 현재는 말라버렸지만 과거에는 화성에 물이 존재했었다는 결론을 내렸다.

한편 미국 할로윈의 한 라디오 방송국에서 V자 모양의 입과 괴기스런 촉수를 가진 화성인들이 런던을 습격하여 폐허로 만들어 버리고 있다는 내용을 마치 뉴스를 보도하듯이 방송하였다.

이 방송을 들은 미국의 동부 지역 사람들 중 일부는 실제 상황으로 알고 대피하기도 하였으며 집단적인 공포에 빠지기도 하였다. 이 방송은 영국의 소설가 허버트 웰스(Herbert George Wells : 1866~1946)가 1898년에 쓴 『우주 전쟁The War of the Worlds』을 라디오 드라마로 꾸민 것이었다.

실제로 우주 어떤 별에서 생물체가 살고 있을 것이라는 상상은 오래 전부터 있었다. 특히 지구와 조건이 많이 비슷한 화성은 외계 생물체가 살고 있는 유력한 후보였다. 여기에는 나름의 과학적인 근거와 오해가

들어 있다.

1877년 이탈리아의 천문학자인 조반니 스키아파렐리(Giovanni Virginio Schiaparelli : 1835~1910)가 화성을 관찰하면서 자연적으로 형성된 도랑이나 골짜기를 카날리Canali라고 표현하였다. 이 말이 영어로 옮겨지는 과정에서 인공적인 운하라는 의미의 커낼Canal로 번역되었다.

이것을 보고 충격을 받은 미국인 퍼시벌 로웰(Percival Lowell : 1855~1916)은 자기의 재산을 털어 화성을 관측하였고, 1906년에는 『화성과 운하』라는 책을 출판하였다.

로웰은 이 책에서 화성인들이 가뭄이 들면 극지방에 있는 얼음에서 물을 끌어오기 위해 운하를 팠다고 생각하였다. 또한 그는 운하망으로 연결된 화성 지도를 만들기도 하였다.

로웰의 상상은 현재 대부분 잘못된 추측으로 밝혀졌지만, 인류의 외계 세계에 대한 동경심과 과학적인 성과는 지구 밖에도 생명체가 존재할 것이라는 추측을 자극하고 있다. 그리고 소설과 영화를 통하여 그 가능성이 꾸준히 제기되고 있다.

생명체의 존재 가능성과 관련하여 천문학자들은 목성의 위성인 에우로파Europa를 주목하고 있다. 이곳은 위성 전체가 얼음이고, 그 밑에 마치 남극이나 북극처럼 물로 된 거대한 바다가 있다. 바다가 크고 깊어 그곳을 탐사하기 위한 잠수정 종류의 탐사 로봇을 연구, 개발 중이다.

현재 지구 밖의 수많은 별에 생명체가 존재하지 않을 것이라고 말하기는 쉽지 않다. 하지만 기후 조건과 대기 상황 등 여러 가지를 생각할 때 인류와 같은 고등생물이 존재할 가능성은 아직은 희박하다.

1687년 7월 5일

아이작 뉴턴, 『자연철학의 수학적 원리』 출간

1684년 8월, '핼리혜성'으로 유명한 영국의 천문학자 에드먼드 핼리(Edmund Halley : 1656~1742)가 물리학자 아이작 뉴턴(Isaac Newton : 1642~1727)을 찾아왔다.

핼리는 당시 영국 왕립학회의 서기를 맡고 있었는데, 왕립학회의 내로라하는 학자들이 못 푼 문제에 대한 해답을 뉴턴에게 구하기 위해서였다.

핼리는 태양 주위를 도는 행성의 궤도가 어떤 모양인지 뉴턴에게 물었다. 뉴턴은 주저 없이 타원형이라 말하였다. 미심쩍어 하는 핼리에게 뉴턴은 얼마 후 이를 수학적으로 증명하는 9쪽짜리 논문을 보냈다.

이 논문에서 뉴턴은 태양과 행성 사이에 작용하는 힘이 거리의 제곱에 반비례한다는 사실도 증명해 보였다. 흔히 만유인력의 법칙으로 불리는 원리다.

핼리는 뉴턴에게 이 논문을 더 체계적으로 정리해 볼 것을 권유하였다. 왕립학회 출판 담당이기도 했던 핼리는 뉴턴의 지식을 책으로 엮어 세상에 알리고 싶었던 것이다.

그로부터 3년도 지나지 않아 뉴턴은 모든 논문을 완성하고 핼리에게 이를 전달하였다. 하지만 이를 받아본 왕립학회 학자들은 핼리와 달리 선뜻 출간을 결정하지 못하였다. 내용이 워낙 어려워 원고의 가치를 제대로 읽어내지 못한 것이었다.

오랜 논의를 거친 후에야 출간이 결정되었다. 핼리는 모든 출판 비용

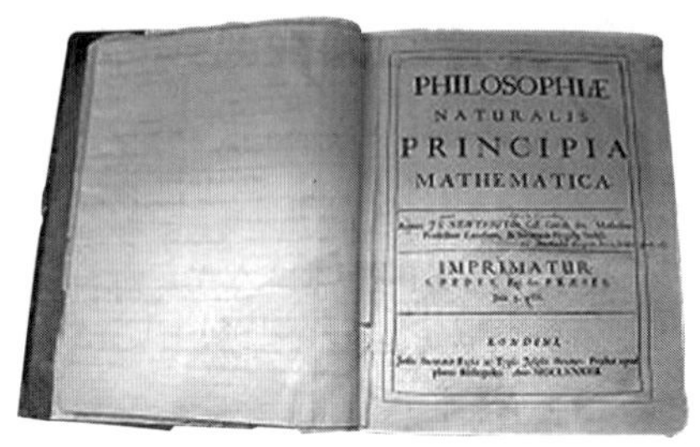

『자연철학의 수학적 원리』

을 부담하겠다고 자청하였다.

이렇게 해서 서양의 과학 혁명을 불러일으킨 책의 하나로 여겨지는 『자연철학의 수학적 원리Philosophiae Naturalis Principia Mathematica』가 1687년 7월 5일에 출간되었다.

줄여서 '프린키피아Principia'라고 불리기도 하는 『자연철학의 수학적 원리』는 만유인력, 관성, 작용과 반작용 등 자연의 제반 운동법칙을 담고 있다.

총 3편으로 구성된 이 책의 제1편은 운동에 관한 일반적 명제를 논술하였고, 제2편은 매질媒質 속에서의 물체의 운동을 다루었다. 그리고 마지막 제3편은 코페르니쿠스의 지동설, 케플러의 행성 타원궤도 등 행성의 운동을 증명하였다.

또한 이 책에서 뉴턴은 고전 역학의 바탕을 이루는 운동 법칙과 만유인력의 법칙을 기술하고 있다.

핼리도 이 책을 바탕으로 1530년, 1607년, 1682년에 나타났던 혜성들의 궤도를 계산해, 이 혜성 모두가 동일한 하나의 천체일 가능성이 높다는 사실을 발견하였다. 그리고 일정한 주기에 따라 1750년대 말에 혜성이 다시 나타나리라고 예견하였다. 결국 1758년에 핼리혜성이 발견되었다.

『자연철학의 수학적 원리』는 현대 물리학에 시금석을 놓았고 자연에 대한 인류의 시야를 넓혀 주었다는 평가를 받고 있다.

* 1643년 1월 4일 '영국의 물리학자 뉴턴 출생' 참조

1946년 7월 5일

비키니 수영복, 파리에 등장

제2차 세계 대전이 끝나고 희망과 자유로운 분위기가 넘쳐나던 때에 세계는 연이어 터진 강력한 폭발에 넋을 잃었다.

하나는 1946년 7월 1일 서태평양 미크로네시아의 마셜제도 북부에 있는 비키니 섬에서 터진 미국의 원자폭탄이고, 다른 하나는 나흘 뒤인 7월 5일 파리에 나타난 비키니 수영복이었다.

수영복 대회를 준비하고 있던 프랑스의 디자이너 루이 레아(Louis Réard : 1897~1984)는 신문을 통해 비키니 섬의 원자폭탄 실험 소식을 듣고 새로운 핵폭탄을 만들기로 결심하였다.

그때만 해도 여성의 수영복은 발목까지 내려오는 긴치마였다. 여성이 다리를 드러내는 것은 외설이었다.

수영복 대회가 열리던 날, 루이의 작품을 입은 모델이 수영장으로 걸어 나왔다. 손바닥만한 천으로 젖가슴과 아랫부분만 가린 채 늘씬한 몸매를 자랑하였다. 노란 물방울무늬에 상하의 투피스로 된 이 해괴한 수영복을 본 1만여 관객들은 입을 다물 수 없었다.

심각한 노출에 로마 교황청은 '부도덕한 옷'이라고 비난하였다. 이탈리아와 스페인에서는 착용을 금지시켰고, 소련은 '퇴폐적 자본주의의 또 다른 샘플'이라며 매도하였다.

이런 비난에도 불구하고 루이는 자신이 만든 수영복에 '비키니Bikini'

라는 이름을 붙여 상표로 등록하였다.

비키니는 1960년대에 영화배우 브리지트 바르도(Brigitte Bardot : 1934~)가 즐겨 입으면서부터 유행을 타기 시작하였다.

현재 비키니는 많은 여성의 꿈이 되었다.

7월 6일

1893년 7월 6일

프랑스 소설가 모파상, 정신병으로 죽다

"빨리 자네에게 말하고 싶어서 애가 탔네. 자네의 『비계덩어리』는
걸작이야. 정말 잘 썼네. 코르뉘데는 멋있고 진실해! 곰보 얼굴의
수녀, 이것도 완벽해. 그리고 결말이 좋아!"

-플로베르, 모파상에게 해준 말

　　사실주의 문학의 대표작 『보바리 부인Madame Bovary』을 쓴 귀스타브 플로베르(Gustave Flaubert : 1821~1880)가 생을 마감하기 직전, 기 드 모파상(Guy de Maupassant : 1850~1893)이 쓴 『비계덩어리Boule de Suif』를 보고 한없는 칭찬을 보냈다. 이후 모파상은 스승과 함께 프랑스 사실주의 문학을 대표하는 작가가 되었다.

　　모파상은 1850년 프랑스 노르망디 지방에서 태어났다. 그는 어렸을 때에 아버지와 별거한 어머니와 지냈으며, 풀어놓은 망아지처럼 산과 들을 뛰어다녔다.

　　학창 시절에 쇼펜하우어(Arthur Schopenhauer : 1778~1860)의 철학에 깊은 관심을 가졌고, 1870년에 보불전쟁이 일어나자 유격대원으로 참가하였다. 이때 그는 독일에 대한 증오를 가졌고, 전쟁 경험은 1880년에 발표한 『비계덩어리』 같은 중 · 단편 소설의 훌륭한 소재가 되었다.

　　1872년부터 아버지의 도움으로 공무원이 된 모파상은 플로베르의 제자가 되어 문학을 배웠고, 스승의 소개로 에밀 졸라(Émile Zola : 1840~1902)를 알게 되면서 많은 문학가들과 토론을 하였다. 『비계덩어리』도 에밀 졸라가 주도한 자연주의파 동인지 『메당의 저녁』에 들어 있는 작품이다.

　　모파상의 문학 생활은 1880년부터 1890년까지 약 10년 동안이라 할 수 있다. 이 기간 동안 장편소설을 제외하고도 300여 편에 이르는 단편소설과 시집, 희곡 몇 편을 썼다.

　　플로베르의 칭찬 이후 프랑스에서 모파상의 명성은 높아갔다. 사교계에 출입할 정도로 여유 있는 생활을 즐겼지만, 그는 계속해서 고향 노르망디의 어민과 농민들, 파리 빈민가에 우글거리는 소시민들의 희비가 엇갈리는 생활을 냉소적으로 바라보는 차가운 시선을 유지하였다.

1883년에는 『여자의 일생Une Vie』을 발표하여 큰 명성을 얻었으며, 잡지 『고을르』와 『질브라스』 등에 계속 작품을 발표하였다.

모파상은 유명한 단편 작가이기도 하였다. 그가 다루고 있는 소재는 폭행, 범죄와 공포, 환각 같은 것들이었으며, 이런 것들은 자연주의 작가의 예리한 관찰에서 나온 것이었다.

"플로베르 선생님이 나에게 자주 말했지요. '표현하고 싶은 것이 있으면, 누구에게도 발견되지 않았고 말해지지 않은 것을 쓸 수 있도록 주의를 기울여라. 무엇에나 반드시 발굴되지 않은 부분이 있다.'고 말이죠."

에밀 졸라가 생리학이나 과학적 관찰에 주의를 기울였다면 모파상은 직접적인 관찰에 의한 묘사에 중심을 두었다. 자신의 장편소설 『피에르와 장Pierre et Jean』에서 그는 이렇게 말하였다.

"객관적인 작가는 한 인물의 정신 상태를 길고 어수선하게 설명하는 것이 아니다. 인간의 행동이 그 내면 성질과 사상, 의지 또는 주제에 맞게 표현되게 한다. 즉 심리를 드러내는 것이 아니라 숨기는 것이다."

모파상은 1880년부터 앓아온 신경질환으로 고생하였고, 이 때문에 파리의 한 정신병원에서 1893년 7월 6일 사망하였다.

1885년 7월 6일

프랑스의 미생물 학자 파스퇴르,
광견병 치료에 성공

1885년 7월 6일 프랑스의 화학자이자 미생물학자인 루이 파스퇴르 (Louis Pasteur : 1822~1895)가 광견병에 걸린 개에게 물린 조제프 메스테르라는 9세 된 소년의 생명을 구하였다. 이로써 광견병을 예방·치료할 수 있는 길이 열렸다.

파스퇴르는 프랑스 동부 쥐라 데파르트망에서 태어났다. 그는 가정 형편이 어려워 9세에 학교 교육을 시작하였다. 파리의 에콜 노르말에서 물리와 화학을 공부하고, 모교의 조수로 활동하였다.

이후 1849년 스트라스부르 대학교 화학 교수가 되었으며, 스트라스부르 대학장의 딸인 마리 로랑과 결혼하였다.

1879년에 닭 콜레라의 독력을 약화한 배양균을 닭에 주사하고 면역이 된다는 것을 발견, 에드워드 제너(Edward Jenner : 1749~1823) 이래 과제로 남았던 백신 접종에 의한 전염병 예방법의 일반화에 성공하였다. 닭 콜레라 백신의 발명은 의학계의 엄청난 변혁을 일으켰다.

1881년에는 푸이 르포르에서의 야외실험으로 가축에 탄저병 백신을 접종하여 그 유효성을 증명하였다.

1885년에는 공수병恐水病 백신을 발견하여 그 예방 접종에 성공하는 등 전염병 예방과 치료의 선구자로서 의학상 큰 공헌을 하였다.

또 세균의 자연발생설을 부인하며 '모든 생물은 생물에서 생긴다'라는 원리를 확립해서 오늘날 세균학의 기초를 만들었다.

1888년 광견병 치료의 공로를 인정한 프랑스 정부는 파스퇴르 연구소를 세우고 그를 초대 소장으로 임명하였다.

1892년 70세 생일에서 프랑스 정부가 마련해 준 축하연에서 기념패를 받았으며, 1895년 9월 28일 73세를 일기로 사망하였다.

1415년 7월 6일

체코의 종교개혁가 얀 후스 화형당하다

"대축제를 앞둔 오늘 후스에게 가한 잔인한 죽음과 그 후 발생한 갈등과 분열에 대해 심심한 유감을 표할 의무감을 느낍니다."

-교황 요한 바오로 2세

체코 후시네츠에서 태어난 얀 후스(Jan Hus : 1372~1415)는 옥스퍼드 대학교 교수인 위클리프(John Wycliffe : 1320~1384)의 설교를 듣고 감동받았다. 이에 그는 베들레헴 교회에서 가톨릭 성경에서 벗어난 신앙을 신랄하게 비판하기 시작하였다.

후스의 개혁 운동에 놀란 교황청은 스위스와 독일 국경 사이에 있는 콘스탄츠에서 종교회의를 열고 후스를 이단자로 몰아 화형에 처하였다. 1415년 7월 6일의 일이었다.

그러나 후스의 추종자들은 계속 개혁을 주장하였다. 1419년 이들은 교회의 특권 제도 폐지를 상징하는 칼리프의 깃발을 앞세우고 타보르에 완전한 민주적 자치공동체를 세워나갔다.

교황은 십자군을 동원하여 공격하였지만 번번이 패배하였다. 이것을 후스 전쟁이라고 부른다.

가톨릭교회는 후스파와 타협하여 1436년에 겨우 전쟁을 끝낼 수 있었다.

* 1415년 6월 7일 '콘스탄츠 공의회, 위클리프와 후스를 이단으로 규정하다' 참조

1928년 7월 6일

세계 최초의 장편 유성영화 「뉴욕의 불빛」 상영

오귀스트 마리 루이 니콜라 뤼미에르(Auguste Marie Louis Nicholas Lumière : 1862~1954)와 루이 장 뤼미에르(Louis Jean Lumière : 1864~1948) 형제가 1895년 3월 22일 영화 「공장을 나서는 노동자들」을 상영하였다. 이 영화는 영화의 기본 도구를 갖춘 세계 최초의 영화로 평가받고 있다.

이것을 바탕으로 1920년대에 유성영화가 제작되기 시작하였다. 1926년에 만들어진 「돈 주앙」은 영화에 음악만이 녹음되었다.

일반적으로 세계 최초의 유성영화로 언급되는 작품은 1927년에 만들어진 「재즈 싱어」이다. 하지만 배우 앨 졸슨(Al Jolson : 1886~1950)이 노래를 하거나 짤막한 대사를 한 것은 오직 네 장면뿐이었다.

1928년 7월 6일에 이르러서야 완전한 세계 최초의 장편 유성영화 「뉴욕의 불빛Lights of New York」이 만들어졌다. 브라이언 포이(Bryan Foy : 1896~1977) 감독이 연출한 「뉴욕의 불빛」은 뉴욕 브로드웨이를 배경으

로 조직 폭력배에게 버림받은 전前 여자 친구가 복수하는 내용을 담고
있다.

　본격적인 유성영화의 등장으로 영화 산업은 급속히 변화하였다. 또
한 신체 동작과 무언의 연기로 이름을 널리 알렸던 무성영화의 스타들
도 소리 없이 사라져 버렸다.

　* 1895년 3월 22일 '프랑스 뤼미에르 형제, 세계 최초로 무성영화를 상영하
　　다' 참조

7월 7일

1937년 7월 7일

중일전쟁이 발발하다

뉴욕에서 시작된 1929년 10월의 세계 대공황은 일본을 강타하였다. 일본은 공황에서 빠져나오기 위한 활로를 만주에서 찾았다. 1931년 만주사변으로 중국의 동북 지방을 점령하여 만주국을 세운 일본은 다시 베이징 지역으로 진출할 기회를 엿보고 있었다.

1937년 7월 7일 중국 베이징 남서쪽 노구교蘆溝橋에서 한밤중에 몇 발의 총소리가 났다. 근처에는 일본군이 주둔하고 있었다. 놀란 일본군들이 자기네 사병의 머릿수를 세어 보니 한 명이 모자랐다. 그 한 명은 부근 숲 속에서 용변을 보던 중이었다.

하지만 일본군 중대장은 이를 중국 측의 소행으로 생각하고 상부에 보고하였다. 병사는 곧 돌아왔으나 귀대 사실이 상부에 늦게 보고되는 바람에 상황은 예기치 않은 방향으로 발전하였다. 일본은 피해가 없었음에도 불구하고 이튿날 아침부터 중국군을 공격하였다.

이후 고노에 후미마로 내각은 전쟁을 확대하지 않으려고 했지만, 일본 육군의 강경파들은 전쟁 확대를 주장하였다. 군부의 힘에 밀린 일본 정부는 8월 15일에 강경파의 주장대로 '흉폭한 중국을 응징한다'는 성명을 발표하고 파병을 확정하였다.

이에 맞서 중국은 9월 22일 내전을 벌이고 있던 공산당과 국민당이 제2차 국공합작을 발표하고 함께 일본의 침략에 맞서기로 하였다. 중일전쟁은 선전포고도 없이 두 나라의 전면전으로 발전하였다.

일본이 중일전쟁 개시를 결정하게 된 것에는 승리할 수 있다는 나름의 근거가 있어서였다. 중국의 인구는 일본에 비해 10배나 많았지만 두 나라의 사회구조 차이 때문에 일본이 그렇게 불리한 것만은 아니었다.

일본은 국민 전부가 병역 의무를 지는 국민개병 시스템이 확립되어 있어 빨간 종이로 만든 소집영장으로 병사를 간단히 모집할 수 있었다.

하지만 중국은 징병 제도가 일본과 달랐다. 중국은 당시 돈으로 병사를 고용하는 모병제를 기본으로 하였으며, "좋은 철은 못으로 쓰지 않고, 좋은 사람은 병사로 쓰지 않는다"는 속담처럼, 군인보다는 관리가 우선시 되는 사회 풍토가 있었다. 이 때문에 전쟁이 일어나기 바로 전에 가서야 징병을 할 수 있었다.

또한 중국은 군사 작전을 하기 위한 소총 · 포탄 · 관측 · 통신 장비가 일본에 비해 절반 이하의 수준이었다. 운수와 보급도 중국이 일본을 따라가지 못하였다.

군사력을 보면 육군을 제외하고 해군과 공군은 일본이 훨씬 앞섰다. 군함은 중국이 6만t인데 비해 일본은 200만t이었고, 비행기는 중국이 305대를 가지고 있었지만 일본은 2,700대나 되었다. 더욱이 장기전을 대비한 배후 전선의 경제력은 더욱 큰 차이를 보였다.

무기와 장비를 만들기 위한 제강업을 보면, 1937년 중국이 선철을 생산할 수 있는 양은 96만t이었다. 하지만 이 중 84%에 해당하는 81만t은 이미 일본이 점령한 지역에 있었다. 이것을 일본 국내의 선철 생산량인 191만과 합치면 중국과 일본의 생산량은 비교조차 되지 않았다.

중일전쟁은 일본군에게 유리하게 진행되었다. 일본군은 1937년 12월 난징南京을 점령하고 시민 30만 명을 살육하는 난징대학살 사건을 일으켰다. 그 뒤 우안武漢을 공략하고 광둥廣東에서 산시山西에 이르는 남북 10개 성省과 주요 도시의 대부분을 점거하였다.

그러나 일본은 처음부터 단기전을 계획하였으므로 중국의 전략 지역을 점령한 후 휴전 교섭을 제안하였다.

하지만 국공합작에 이은 중국의 저항과 게릴라 작전으로 중일전쟁은 장기화되었다. 이후 일본은 태평양전쟁을 일으키고 미국에 패배함으로써 1945년 중국에 항복하였다.

* 1923년 1월 26일 ‘중국, 제1차 국공 합작 선언’ 참조

* 1937년 9월 22일 ‘중국, 제2차 국공 합작 선언’ 참조

* 1937년 12월 13일 ‘난징대학살 사건이 벌어지다’ 참조

—

1981년 7월 7일

산드라 오코너,
미국 최초의 여성 대법원 판사로 임명되다

—

“저희 부모님은 다가올 수많은 가능성들을 환경 때문에 못하는 일이 없도
록 노력하셨습니다. 부모님은 저에게 꿈을 가르쳐 주시고 그것을 현실로
만들어 가도록 격려해 주셨습니다. 꿈은 꾸는 자의 것이더군요.”

-산드라 오코너

산드라 데이 오코너(Sandra Day O’Connor : 1930~)는 미국 텍사스 주
엘파소에서 태어났다. 그녀는 아리조나 주 던칸 주변의 목장에서 자라
났다. 이 목장에서의 경험을 가지고 자신의 남동생과 『레이지 비Lazy B』
라는 책을 쓰기도 하였다.

이후 그녀는 1950년 스탠포드 대학교 경제학과를 졸업하였고, 스탠
포드 로스쿨에서 공부를 계속하였다. 하지만 로스쿨 졸업 후에 캘리포
니아의 어떤 로펌도 여성인 오코너를 변호사로 채용하지 않았다.

오코너는 공직으로 방향을 바꿔, 1952년부터 1953년 사이에 캘리포
니아 주 산마테오 카운티의 카운티 검사보 자리를 맡았다.

1969년에 오코너는 공화당의 잭 리차드 윌리엄스 주지사에 의해 애
리조나 주 상원의원으로 임명되었고, 2년 뒤 공화당 당적을 가지고 재
선에 성공하였다. 그 후 1973년 오코너는 애리조나 주 의회에서 공화

당 원내대표가 되었고, 1979년에는 애리조나 항소 법원에 판사로 임명되었다.

애리조나 주 정부에서 일하는 동안 오코너는 입법부, 사법부, 행정부에서 모두 경험을 쌓았다.

로널드 레이건(Ronald Wilson Reagan : 1911~2004) 대통령은 1980년의 대통령 선거 기간 중에 첫 여성 대법관을 임명하겠다는 공약을 내걸었다.

대통령에 당선된 레이건이 1981년 7월 7일, 차기 대법관으로 오코너를 지명하였다. 미국 역사상 여성으로는 최초로 연방대법원 판사가 임명되는 순간이었다.

일부 낙태 반대자들과 종교 단체들은 오코너의 지명에 반대했으나, 상원은 오코너의 대법관 지명에 만장일치로 찬성하였다.

이후 오코너는 2006년 은퇴할 때까지 25년간 대법관직을 수행하였다.

2012년 현재 오코너는 버지니아 주 윌리엄스버그에 있는 윌리엄 앤 매리 대학의 학장이며, 필라델피아에 있는 전국 헌법 센터의 신탁 이사회에서 이사로 일하고 있다.

1983년 7월 7일

미국 소녀 사만다 스미스,
'최연소 친선대사'로 소련 방문

안녕하세요, 미스터 안드로포프. 제 이름은 사만다 스미스이고, 나이는 10살입니다. 새로운 일을 맡게 되신 걸 축하드려요. 저는 러시아와 미국이 핵전쟁을 할까 봐 무서워요. 혹시 전쟁을 할 것인지를 놓고 투표를 하실 생각인가요? 그런 게 아니라면, 전쟁이 일어나지 않도록 어떤 일을 하실 생각인지 제게 얘기해 주세요.

-사만다 스미스

1982년 11월 미국에 사는 초등학교 5학년생인 사만다 스미스(Samantha Reed Smith : 1972~1985)는 소련 공산당 서기장에 오른 유리 안드로포프(Yurii Vladimirovich Andropov : 1914~1984)에게 편지를 보냈다.

국가보안위원회KGB 출신인 안드로포프가 서기장에 취임해 세계가 핵전쟁의 공포를 강하게 느끼던 때였다. 이 편지는 공산당 기관지인 『프라우다』에 실렸다.

스미스는 미국 주재 소련 대사에게 다시 편지를 보내, 안드로포프 서기장이 답장을 보내게 해달라고 부탁하였다.

1983년 4월 26일 안드로포프는 다정함이 넘치는 답장을 사만다에게 보냈다.

친애하는 사만다, 편지는 잘 받았다. 네 질문에 진지하고 정직하게 대답하마. 소련은 지구상에 그런 전쟁이 일어나지 않도록 하기 위해 모든 노력을 다 하고 있단다.

이어 안드로포프는 스미스를 소련에 초청하였다. 사람들을 직접 만나 소련이 '악의 제국'이 아님을 확인해 달라는 것이었다.

그의 초청을 받아들여야 할지를 놓고 미국 내에서 큰 논란이 벌어졌지만 대다수는 '최연소 친선대사'의 소련 방문을 지지하였다.

스미스는 1983년 7월 7일 부모와 함께 소련을 방문하였다. 안드로포프는 병이 나서 스미스를 만날 수 없었지만 대신 전화를 걸어 사만다의 방문을 환영하였다.

2주 동안 모스크바와 레닌그라드 등을 둘러본 스미스는 미국에 돌아가서 "그 사람들도 우리와 똑같다는 걸 알았다."고 말하였다.

소련에 다녀온 스미스는 일약 스타가 되었다. 하지만 스미스는 1985년 8월 비행기 사고로 목숨을 잃었다.

7월 8일

1853년 7월 8일

미국 페리 제독의 군함이
일본 에도 만에 들어오다

"만약 너희들이 대통령의 친서를 받아들이지 않으면 무력을 써서라도 상륙하겠다."

일본에 개항을 요구한 페리의 협박은 중세의 마지막 정권인 에도 막부의 끝을 알리는 조종弔鐘이었다.

미국의 노포크 항을 떠난 미국 동인도 함대 사령관 매슈 캘브레이스 페리(Matthew Calbraith Perry : 1794~1858)가 이끄는 4척의 군함이 1853년 7월 8일 에도江戸 만의 입구인 우라가浦賀 항구에 도착하였다.

수호조약 체결을 원하는 밀러드 필모어(Millard Fillmore : 1800~1874) 미국 대통령의 친서를 가지고 페리는 일본의 개항을 요구하였다. 일본인들은 구로후네黑船 증기선을 보고 혼비백산했으며, 막부도 혼란에 휩싸였다.

페리의 강경한 태도에 눌린 막부가 친서를 받아들이자, 페리는 이듬해 봄에 회답을 듣기 위해 더 많은 군함을 이끌고 오겠다고 알렸다.

막부는 어떤 식으로든지 결정을 내려야만 하였다. 막부의 수석인 아베 마사히로(阿部正弘 : 1819~1857)는 페리의 친서를 다이묘와 고위 신하들에게 돌리고 의견을 물었지만 뾰족한 대책이 나오지 않았다.

친서는 천황에게도 전해져 천황이 정치에 개입할 수 있는 기회를 만들어 주었다.

미국은 1846년 동인도 함대 사령관 제임스 비들(James Biddle : 1783~1848)이 에도로 와서 개항을 요구하였지만 이때는 막부가 거절하였었다.

그러나 1848년 미국 캘리포니아에서 금광이 발견되고 태평양 연안 지역이 빠르게 개발되자, 태평양 횡단 항로를 따라 중국과 무역을 하기 위해 일본을 개항시킬 필요가 증대되었다. 페리가 일본에 온 것도 이 때문이었다.

미국은 일본의 개항을 서둘러 추진하였다. 1854년에 페리는 다시 7척의 군함을 이끌고 개항을 강요했고, 막부는 페리의 요구를 받아들여 3월에 미 · 일 화친조약神奈川條約을 맺었다.

* 1854년 3월 3일 '미국과 일본, 화친조약 체결' 참조

—

1621년 7월 8일

프랑스의 우화 작가 라퐁텐 출생

—

황새가 물었어요. "뭘 해 줄 거냐고?" 늑대는 큰 소리로 이렇게 말했지요.
"내 입안까지 들어갔다 나오고도 그런 소리를 하는 거냐? 오늘은 그냥 보
내 주지만 다음에는 곧바로 잡아먹을 테다."

-『라퐁텐 우화시집』

어린이들에게 친숙한 프랑스 우화 작가 장 드 라퐁텐(Jean de La
Fontaine : 1621~1695)은 1621년 7월 8일 샹파뉴 지방공무원의 아들로
태어났다.

그는 부유한 집안에서 태어나 넉넉한 생활을 할 수 있었지만 결혼
후 가족을 놔두고 파리로 올라와서 문학가들과 어울리며 혼자 지냈
다. 자유로운 생활을 하며 사교계를 드나들었고, 재무장관 니콜라 푸케
(Nicolas Fouquet : 1615~1680)에게 시를 지어 바치며 문학가로서 성공을
꿈꾸었다.

하지만 1668년부터 출간한 대표작 『우화시집』이 나올 때까지 라퐁
텐은 사람들의 인정을 받지 못하였다.

『우화시집』은 1694년까지 총 12권이 출간되었으며, 약 240편의 우화
시가 엮어져 있다. 황금알을 낳는 닭, 황새와 여우가 서로 식사에 초대하
며 골탕 먹이는 이야기 등 우리에게 잘 알려진 이야기들이 들어 있다.

　　라퐁텐은 이 작품들을 쓰면서 이솝우화와 동양의 문학작품 등을 참고하여 독창적인 수법으로 다루었다.

　　그는 1695년 4월 13일에 생을 마감하였다. 라퐁텐의 재치와 몽상가적인 모습은 그가 쓴 묘비명에도 잘 나타나 있다.

　　나는 왔던 것처럼 가 버렸다. 모든 재산을 다 탕진하고 많은 재물을 하찮게 여겼다. 하지만 시간만은 잘 쓸 줄 알았다. 시간을 반으로 나누어 한 쪽 반은 실컷 잠자는 데, 나머지 반은 아무것도 하지 않는 데 썼으므로.

—

1914년 7월 8일

쑨원, 중화혁명당 결성

—

　　쑨원(孫文 : 1866~1925)은 1912년 1월 중화민국을 수립하였다. 하지만 북부의 군벌들과 타협하여 정권을 위안스카이(袁世凱 : 1859~1916)에게 넘겨주고 일본으로 망명하였다.

　　그는 1914년 7월 8일에 비밀정치결사 조직인 중화혁명당中華革命黨을 결성하고 광저우廣州를 중심으로 정권 수립에 힘을 기울였다.

　　혁명당 강령에서는 "민권, 민생의 실행을 근본으로 삼는다"고 하여 민족주의는 빠져 있다.

　　1919년 5 · 4 운동이 일어나자, 본부를 도쿄에서 상하이로 옮기고 그 해 10월 10일 중국국민당으로 개칭하였다.

　　중국국민당은 1924년 1월 광저우에서 열린 제1차 전국대표대회에서 삼민주의를 포함한 정치 이념을 당의 강령으로 채택하였다.

그 실현 방안으로 소련과 연합전선을 취하고(聯蘇) 공산당원을 받아들이며(容共) 농업과 공업을 중요시한다(農工扶助)는 3대 정책을 결정하였다.

이후 1925년 3월 12일 쑨원이 간암으로 사망하자, 장제스(蔣介石 : 1887~1975)가 중국국민당을 이끌게 되었다.

* 1912년 1월 1일 '중화민국 수립' 참조
* 1925년 3월 12일 '중국 근대 혁명의 아버지 쑨원 사망하다' 참조

1988년 7월 8일

대만 부총통 리덩후이, 국민당 주석이 되다

중국공산당에 대륙을 넘겨주고 대만으로 쫓겨 온 국민당은 1988년까지 국민당 1당 지배 체제를 유지해 왔다.

하지만 장제스(蔣介石 : 1887~1975)의 아들인 장징궈(蔣經國 : 1906~1988) 총통이 1988년 1월에 사망하자 부총통이었던 리덩후이(李登輝 : 1923~)가 총통직을 승계하였다.

그리고 그해 7월 8일 리덩후이가 국민당 주석이 되었다. 그는 1989년부터 국민당 지배 체제를 무너뜨리고 복수정당제를 도입하였다.

또한 1995년 6월 7일 대만 총통으로는 최초로 미국을 방문하여 국제 사회에서 대만의 존재를 부각시켰다.

* 1995년 6월 7일 '리덩후이 대만 총통, 대만 역사상 최초로 미국 방문' 참조

7월 9일

1955년 7월 9일

러셀, 아인슈타인 등 세계의 저명한 지식인 11명이 퍼그워시 성명을 발표하다

앞으로 일어날 세계 대전에서는 분명 핵무기를 사용하게 될 것이다. 그러한 무기가 인류를 위협한다는 사실에 대해 우리는 세계의 정부들이 그들의 목적을 전쟁으로 달성할 수 없음을 인식하고, 전쟁으로 나아가지 않을 것임을 구체화하고 공개적으로 발표하기를 촉구한다.

우리는 이에 따른 당연한 귀결로, 세계 각국 정부들이 서로 간에 모든 분쟁을 해결하기 위한 평화적 수단을 찾기를 촉구한다.

-퍼그워시 성명 결의문

1945년 8월 6일 미국은 일본 히로시마에 우라늄 핵폭탄을 떨어뜨렸다. 사흘 뒤 나가사키에 또 한 번의 핵폭탄이 투하되었다.

이로 인해 히로시마 인구의 절반이 넘는 13만 5,000명이 사망하였고, 나가사키에서는 6만 4,000명이 사망하였다. 핵폭탄의 가공할 위력 앞에 일본은 무릎을 꿇었다.

사상 처음으로 핵무기에 의한 집단학살을 경험한 인류의 충격은 이만저만이 아니었다. 일본의 항복으로 제2차 세계 대전은 끝났지만 원폭 투하에 따른 방사능 후유증 피해는 2세, 3세로까지 이어지고 있다.

엎친 데 덮친 격으로 2차 세계 대전 이후 미국은 소련과의 아시아 · 유럽 지역 주도권 경쟁에서 우위를 차지하기 위해 핵무기 개발을 계속하였다.

소련도 1949년 9월 원자폭탄 실험에 성공하였다. 그 후 미국은 1954년 태평양의 산호섬 비키니에서 원자폭탄보다 파괴력이 1,200배 더 큰 수소폭탄 '브라보'를 폭파시켰다.

양국 간 경쟁이 불을 뿜을수록 핵전쟁 공포는 커져 갔다. 이대로 가다간 인류의 공멸이 불 보듯 뻔하였다. 전 세계 지식들인이 움직이기 시작하였다. 핵무기 공포로부터의 해방은 구호가 아니라 생존을 위한 필사의 몸부림이었다.

1955년 7월 9일 영국의 철학자 버트란드 러셀(Bertrand Arthur William Russell : 1872~1970)과 미국의 물리학자 알베르트 아인슈타인(Albert Einstein : 1879~1955) 등 세계의 저명한 지식인 11명이 캐나다의 퍼그워시에 모여 회의를 열었다. 이들은 이 회의를 통해 핵무기의 위험성을 경고하며 '핵무기 폐기 협정' 체결을 촉구하는 성명을 발표하였다. 이른바 '퍼그워시 성명'이었다. 러셀과 아인슈타인이 주도하였기에 '러셀-아인슈타인 선언'이라고도 불린다.

아인슈타인은 히틀러의 나치 정권이 원자폭탄을 제조해 세계를 제패할 것을 막고자 그 전에 미국이 원자폭탄을 제조할 것을 권고한 바 있다. 하지만 자신의 판단이 결과적으로 미국과 소련의 원자폭탄 개발 경쟁 가속화로 이어지자 책임을 통감하고 핵무기 확산 방지 운동에 뛰어들었다.

문건은 미국·소련·영국·프랑스·중국·캐나다 등 6개 나라의 국가 정부 수반에게 보내졌다. 이 선언을 계기로 상황의 심각성을 인식한 세계 과학자들은 본격적으로 퍼그위시 회의를 태동시켰다.

1957년 7월, 22명의 핵물리학자들이 캐나다의 퍼그위시라는 작은 어촌에 모여 첫 토론을 시작하였다. 이후 소련·영국·유고슬라비아·인도·루마니아·스웨덴·미국 등 여러 나라를 돌며 반전·반핵 운동을 확산시켜 갔다.

그해 10월, 소련의 스푸트니크 발사로 촉발된 미소美蘇 경쟁의 와중에 양측 과학자들이 비공식 대화를 주선하였다. 이것을 시발로 핵확산 금지조약NPT 제안(1958년), 쿠바 위기 중재(1961년), 핵실험 금지 조약 체결(1963년), 화학무기 협상(1969년) 등을 이 회의가 이루어냈다.

1975년 일본 교토에서 열린 제25차 회의에서는 완전한 비핵화를 요구하는 유카와 선언이 발표되기도 하였다.

한편 퍼그위시 회의는 창립 당시부터 고수하고 있는 몇 가지 원칙, 즉 회원제를 배격하고 오직 초청에 의해서만 회의 참석자들을 선정한다, 모든 회의를 비공개로 진행한다 등을 유지하고 있다.

1971년 7월 9일

미국의 키신저, 비밀리에 중국 방문

리처드 닉슨(Richard Milhous Nixon : 1913~1994) 미국 대통령의 특별보좌관 헨리 키신저(Henry Alfred Kissinger : 1923~)가 1971년 7월 8일 파키스탄에 도착하였다.

그런데 그가 갑자기 배가 아프다며 숙소로 들어갔고 며칠 동안 모습이 보이지 않았다.

키신저가 모습을 감춘 지 1주일이 지난 7월 15일, 닉슨은 라디오와 TV를 통해 중대 발표를 하였다.

"중국이 나를 초대했고 나도 세계 평화를 위해 베이징을 방문하였다."

자본주의 사회와 공산주의 사회가 서로 으르렁거리던 시기에 이 소식은 냉전 체제를 흔드는 신호탄이었고, 앞뒤 사정을 몰랐던 사람들에게는 충격적인 뉴스였다.

숙소에서 사라진 키신저가 간 곳은 중국이었다. 그는 7월 9일 비밀리에 베이징에 도착해 닉슨의 중국 방문을 회담 주제로 하여 저우언라이(周恩來 : 1898~1976)와 비밀 회담을 가졌다.

그에 앞서 1971년 4월에 있었던 미국 탁구 대표팀의 중국 방문은 화해 분위기를 조성하기 위한 첫 시도였다. 그리고 3개월 뒤 닉슨 미 대통령의 특별보좌관 헨리 키신저가 아시아 순방길에 올랐던 것이다.

핑퐁 외교에 이은 키신저의 중국 방문 결과, 이듬해인 1974년 2월

미 · 중 정상회담이 열렸다.

* 1971년 4월 10일 '미국 탁구팀, 중국 베이징 방문' 참조
* 1972년 2월 21일 '닉슨 미국 대통령 최초로 중국 방문' 참조

1816년 7월 9일

아르헨티나, 스페인으로부터 독립

남아메리카 대륙 남부에 자리 잡은 아르헨티나는 16세기 중엽 이후 스페인의 식민지가 되었다. 하지만 이곳은 자원과 원주민이 적어 스페인은 큰 관심을 보이지 않았다.

그런데 1808년 프랑스의 나폴레옹(Napoléon Bonaparte : 1769~1821)이 스페인을 점령하자, 아르헨티나에서 태어난 백인들을 중심으로 독립 운동이 벌어졌다.

1810년 5월 25일 페르디난도 7세가 나폴레옹의 침공으로 쫓겨나자 부에노스아이레스 시민들은 독립을 위한 1차 의회를 조직하였다.

이에 현재 국가 독립 영웅으로 추앙받고 있는 호세 데 산 마르틴(José Francisco de San Martin Matorras : 1778~1850)이 1814년에서 1816년 사이에 군사 작전을 지휘하면서 독립의 기반을 다졌다.

그리고 마침내 1816년 7월 9일 투쿠만 의회가 소집되어 스페인에게 공식적으로 독립을 선언하였다.

* 1946년 6월 4일 '후안 페론, 아르헨티나 대통령에 취임' 참조

* 1974년 6월 29일 '아르헨티나의 이사벨 페론, 세계 첫 여성 대통령으로 취
  임하다' 참조
* 1989년 5월 14일 '카를로스 메넴, 아르헨티나 대통령에 당선' 참조

7월 10일

1985년 7월 10일

환경 운동 단체 그린피스의 레인보우 워리어호 침몰하다

"한 벌의 모피코트를 만드는 데 말 못하는 짐승 40마리가 사용됩니다. 그러나 이것을 입는 것은 단 한 사람의 인간입니다."

-부린 존스, 그린피스 영국지부 이사

"미국이 4,000km 떨어진 태평양의 암치카Amchitka 섬에서 지하 핵실험을 하면 이 때문에 지진이 발생하여 해일이 북아메리카를 덮칠 수도 있다."

캐나다 밴쿠버에 있는 '물결을 일으키지 말라 위원회Don't Make a Wave Committe'라는 반핵 운동 단체는 1969년 10월 미국의 핵실험에 반대하는 시위를 하였다.

그리고 이 단체는 1971년 12명의 환경보호 운동가들을 중심으로 국제적인 환경보호 단체인 '그린피스Greenpeace'로 이름을 바꾸었다.

그린피스는 전에 있었던 환경 운동 단체들과는 다르게 적극적인 시위를 하였다.

예를 들면 핵실험을 하려는 바다에 배를 직접 몰고 나간다든지, 고래 잡는 작살인 포경포捕鯨砲 앞으로 작은 배를 들이댄다든지 또는 유독성 폐기물을 실은 배 앞으로 바짝 다가가 항해를 방해하는 것과 같은 방법을 사용하였다. 그리고 시위에는 반드시 카메라를 가져가 그들의 시위 모습을 언론에 공개하였다.

그린피스가 전 세계 사람들에게 주목받는 계기가 된 사건은 1985년 7월에 발생한 레인보우 워리어Rainbow Warrior호 사건이다.

그린피스는 일본의 히로시마 원폭 투하 40주년을 맞아 프랑스의 핵실험 기지가 있는 태평양 폴리네시아 모루로아 환초 부근에서 1985년 8월에 시위를 하기로 결정하였다. 계획에 따라 그린피스는 레인보우 워리어호를 뉴질랜드로 보내 오클랜드 항에 정박시켰다.

그런데 이 배가 원인 모를 사고로 인해 7월 10일 폭파되어 바닷속으로 가라앉는 사건이 발생하였다. 사건 직후 배에 타고 있던 11명의 승무원들은 급히 피신하였으나, 포르투갈의 사진가 1명이 목숨을 잃었다.

경찰이 사고 원인을 조사한 결과, 이 사건은 프랑스 대외안전국DGSE
의 공작이었음이 밝혀졌다. 이어 프랑수아 미테랑(Francois Mitterrand :
1916~1996) 프랑스 대통령의 지시가 있었을 것이라는 추측 기사도 흘
러나왔다.

프랑스의 여론과 전 세계의 많은 사람들이 프랑스 정부를 비판하였
다. 결국 미테랑 정부는 샤를 에르뉘(Charles Hernu : 1923~1990) 국방장
관을 해임시키고 이 사건을 마무리 지었다.

한편 그린피스는 다양한 방법으로 환경 운동을 하고 있다. 예를 들어,
1980년대에는 '굴뚝 수리공'과 같은 운동으로 세계인의 주목을 받았다.
이 방법은 그린피스 독일 지부가 생각해 낸 것으로, 이들은 1981년에 한
살충제 제조 공장의 굴뚝에 기어 올라가 다음과 같은 글을 내걸었다.

마지막 남은 나무가 베어지고, 마지막 남은 물고기가 죽고, 마지막 남은
강이 오염되어 버리면 돈을 먹을 수 없다는 사실을 알아라.

3년 후 런던의 시계탑에는 다음의 글귀가 걸려 있었다. '핵실험을 그
만둘 때가 왔다'. 또 그해 4월에는 서독, 오스트리아, 영국, 덴마크 등
유럽의 그린피스 회원들이 자기 나라의 발전소와 굴뚝에 기어 올라가
'중지하라'는 짤막한 글을 걸어 놓고 내려오기도 했다. 산성비의 위험
을 알리려는 뜻이었다.

그린피스는 2004년 현재 유럽, 아시아, 아메리카, 오세아니아에 걸쳐
40개국에 지부를 두고 있으며 회원은 300만 명이다.

이들은 독립을 유지하기 위해 정부나 법인으로부터 기부금을 받지
않으며 개인들이 내는 기부금과 자원봉사 활동으로 유지되고 있다.

그린피스는 지구의 환경을 지키기 위한 파수꾼을 자청하고 있지만, 한편으로는 그들의 활동이 너무 과시적이며 국가와 문화의 특수성을 고려하지 않는다는 지적도 받고 있다.

1509년 7월 10일

프랑스의 신학자 칼뱅 출생

만일 선택할 수 있는 권리가 있다면 당신의 충고를 따르는 것뿐입니다. 나는 나 자신만의 것이 아니라는 것을 기억하며, 하나님에게 바쳐진 희생 제물처럼 나의 심장을 하나님께 바치나이다.

-칼뱅, 파렐에게 보낸 편지

마르틴 루터(Martin Luther : 1483~1546)가 1517년 '95개조 논제'라는 항의문을 비텐베르크 대학 교회 정문에 붙이면서 종교개혁은 시작되었다. 하지만 루터파의 영향력은 독일과 스칸디나비아에 머물렀으며, 스위스 · 프랑스 · 네덜란드 · 스코틀랜드의 종교개혁은 가톨릭의 탄압에 맞선 장 칼뱅(Jean Calvin : 1509~1564)에 의해 이루어졌다.

칼뱅은 1509년 7월 10일 프랑스에서 태어났으며 그의 아버지는 지방 귀족의 비서로 있었다. 칼뱅은 아버지의 뜻에 따라 14세 때부터 신학을 공부하였고 20세가 되던 1529년에 법률로 방향을 바꾸었다.

1532년 칼뱅이 23세에 쓴 『세네카 관용론 주석』은 인문주의자로서 그의 재능을 보여 주는 것이었다. 그러나 독일에서 루터의 종교개혁이 전해지자 1532년 무렵에 그가 말했듯이 '갑작스런 회심回心'으로 가톨릭교회를 비판하고 복음주의福音主義, 즉 신교도의 입장으로 돌아섰다.

"나는 교황주의의 미신에 너무나도 중독되어 있었기 때문에, 이 깊은 늪에서 헤어나기 힘들었다. 그러나 하나님께서는 '갑작스러운 회심'에 의해 나의 마음을 녹여 말씀의 가르침을 받아들일 수 있게 하였다."

1536년에 편찬된 『기독교강요』는 박해받고 있던 프랑스의 신교도들을 변호하는 내용이었다. 그러나 프랑스의 국왕 프랑수아 1세(Fransois Ⅰ : 1494~1547)는 그를 박해하였고, 칼뱅은 스위스에서 종교개혁을 하던 기욤 파렐(Guillaume Farel : 1489~1565)의 초청으로 제네바에 머물게 되었다.

"파렐이 나를 제네바에 머물게 했던 것은 하나님이 나를 사로잡기 위한 의지처럼 느껴졌다."

하지만 칼뱅이 제네바에서 이루려 했던 종교개혁은 제네바 정부의 반대로 이룰 수 없었고 그는 1538년 제네바에서 쫓겨났다.

프랑스의 스트라스부르크에 머물면서 『로마서주석』 등의 성서주석과 목회일을 주관하고 있던 칼뱅은 1541년 그를 지지하는 세력이 우세해진 제네바로 다시 돌아올 수 있었다. 칼뱅은 1541년 9월 13일 제네바에 돌아왔고 제네바에서 두 번째 종교개혁을 실시하게 되었다.

* 1521년 1월 3일 '마르틴 루터 파문' 참조

1962년 7월 10일

미국, 통신위성 텔스타 1호 발사

1962년 7월 10일 미국의 AT&T사는 세계 최초의 실용 통신위성인 텔스타Telstar 1호를 발사하였다.

그리고 7월 23일, 텔스타 1호는 미국의 AT&T사 옥상에서 펄럭이고 있는 성조기를 찍은 화면을 대서양 너머 유럽으로 전송하였다. 30초라는 짧은 방송이었지만 위성방송 시대가 개막된 것이었다.

미 AT&T 벨연구소의 존 피어스가 중심이 되어 개발한 텔스타 1호는 태양열 집열판으로 뒤덮인 지름 88cm의 공 모양 위성이었다. 1,000km~6,000km 높이에서 타원을 그리며 도는 이 위성은 지구에서 쏘아올린 TV 신호를 증폭시켜 전송하는 하늘 위 중계탑이었다.

하지만 텔스타 1호는 오늘날의 통신위성들 같은 정지궤도 위성은 아니었다. 낮은 고도에서 2시간 30여 분 만에 지구를 한 바퀴 도는 타원궤도로 움직였기 때문에 실제 통신이 가능한 시간은 매번 20분을 넘지 못하였다.

그해 12월, 미국 앤도버 · 영국의 군힐리 다운스 · 프랑스 플뢰메르 보두 등 세 기지국 모두 위성의 이상을 보고하였다. 수명을 2년으로 예상했던 텔스타 1호가 갑작스러운 고장을 일으킨 것이었다. 위성 발사 하루 전과 석달 뒤 각각 미국과 소련이 텔스타 1호의 궤도 근처로 발사한 핵폭탄의 방사능 탓이었다.

1963년 1월 재가동된 텔스타는 결국 2월 21일 기능을 완전히 멈추었다. 다음해 5월에 텔스타 2호가 발사되었다.

1925년 7월 10일

진화론 문제로 미국에서 '원숭이 재판'이 열리다

변호사가 물었다. "검사님, 뱀이 이브를 유혹해서 선악과를 따먹게 하자, 하나님은 뱀에게 저주를 내려 배로 기게 하였습니다. 그럼 저주를 받기 전에 뱀은 어떻게 이동했을까요?"

1925년 7월 10일 미국의 고등학교 과학 교사 존 스콥스(John Thomas Scopes : 1900~1970)가 테네시 주 법정에 섰다. 학교에서 수업 중에 진화론을 가르쳤다는 이유였다. 당시 테네시 주에서는 진화론을 가르칠 수 없었다.

'원숭이 재판'으로 불린 이 재판은 미국 전체의 관심을 끌었고, 변호사의 항변에도 불구하고 스콥스는 유죄판결을 받아 100달러의 벌금을 물었다.

하지만 원숭이 재판은 미국 국민들에게 진화론을 긍정적으로 이해하게 되는 계기가 되었고 유럽에도 영향을 끼쳤다.

한편 진화론에 대해 가르치는 것을 금지하는 테네시 주의 법률은 1967년에 폐지되었다.

7월 11일

1987년 7월 11일

국제연합, 세계 인구의 날을 선포하다

중국의 정치 지도자였던 마오쩌둥은 "인구가 많을수록 국력도 커진다."며 중국의 인구가 세계 최고인 것을 몹시 자랑스러워하였다. 그러나 1970년대 초, 중국은 늘어나는 인구를 그냥 둘 수 없다며 '계획생육(산아제한)'에 들어갔다. 아이를 둘 이상 낳으면 직장에서 해고되기도 하였다.

중국이 이처럼 산아제한에 힘쓰게 된 것은 인구 증가로 인해 발생하는 많은 문제 때문이다. 식량 문제, 잉여 노동력 문제, 에너지 문제, 근대화 장애 문제 등이 그 예이다.

에너지 문제만 보더라도 중국은 세계 석유 생산량의 3%를 생산하지만, 도로에는 4,400만 대의 자동차가 굴러다니고 있다. 전 세계 자동차 수를 5억 대로 추정하였을 때, 10%에 가까운 수치이며, 중국의 선진화가 앞당겨질수록 석유 소비는 더욱 늘어날 것이다.

중국의 산아제한 정책 결과, 중국의 연평균 인구 성장률이 1.3%로 내려갔다. 하지만 여전히 중국 인구는 매년 1,500만 명 이상이 늘어나고 있다.

중국의 경우처럼 인구 문제는 전 세계적인 문제로 인식된 지 오래이다. 국제연합UN에서는 1987년 7월 11일에 전 세계 인구가 50억 명을 돌파한 것을 기념하여 매년 7월 11일을 '세계 인구의 날World Population Day'로 정하였다.

그 후 미국 상무부는 세계표준시GMT를 기준으로 1999년 7월 18일 밤 12시 직후에 세계 인구가 60억 명을 돌파했다고 밝혔다. 그리고 2050년에는 세계 인구가 90억 명이 될 것으로 전망하였다.

인구 증가의 원인을 보는 입장은 선진국과 개발도상국 사이에 차이가 있다.

선진국의 정부와 구호 단체들은 개발도상국에 제대로 된 가족계획이 없기 때문에 전 세계 인구가 증가한다고 주장한다. 현재 지구 전체 인구의 78%가 개발도상국에서 살고 있으며, 이들 국가는 세계 인구 증가의 94%를 차지하고 있다.

하지만 개발도상국들의 입장은 다르다. 개발도상국의 인구 관련 단체들은 사회경제적인 측면에서 인구 증가의 원인을 찾고 있다. 특히, 개발도상국의 빈곤을 주요 원인으로 들고 있다. 빈곤한 사회구조에서는 선진국보다 산모와 아이의 사망률이 높고, 그 반작용으로 인구 증가와 빈곤이 이루어진다는 입장이다.

우리나라도 1950~1960년대까지만 하더라도 과거 산모와 아이의 사망률이 높았음에도 많은 자식을 낳았었다. 개발도상국의 주장처럼 빈곤, 여성의 지위, 보건복지, 환경 문제는 인구 증가와 밀접한 관계를 가지고 있다. 특히 개발도상국에서 발생하는 빈곤과 인구 증가의 악순환은 단순히 선진국에서 내려주는 구호물품만으로는 막을 수 없다.

더구나 세계무역기구wTO의 예에서 알 수 있듯이 개발도상국의 가난은 선진국에도 책임이 있다. 즉 개발도상국의 인구 문제는 개발도상국만의 문제가 아니며 전 세계적인 문제인 것이다.

인구 문제를 한 국가의 가족계획 수준을 넘어 전 세계적인 문제로 인식할 수 있었던 것은 전 세계에서 활동하고 있는 시민단체들의 노력이 크다. 현재 시민단체들은 선진국과 개발도상국의 주장을 받아들인 통합적인 접근 방법을 시도하고 있다.

약 3만여 개의 단체가 개발도상국에서 인구 조절과 지역사회 발전에 관여하고 있다. 이들은 주로 저개발 지역에서 보건위생 서비스 제공, 결혼 제도 개혁, 여성 권익 신장, 교육 서비스 제공 등의 일을 활발히 전개하고 있다.

그리고 이러한 경험에 기초하여 1992년 6월에 열린 리우 환경 회의에서 인구와 개발의 관계를 토론하게 되었다.

특히 1994년에 이집트 카이로에서 열린 '인구와 개발에 관한 UN 회의'에서 인구 문제가 집중적으로 다루어졌다. 카이로 회의에 참가한 2

만여 명의 정부 대표와 민간단체 대표들은 인구정책을 가족계획 정도로만 이해했던 것에서 벗어났다.

이들은 빈곤 퇴치, 균등한 개발, 생식生殖에 관한 권리 보장, 청소년 요구 수용, 보건 서비스 확충 등이 인구 문제의 핵심임을 지적하였다.

*** 1992년 6월 3일 '리우 회의, 브라질 리우데자네이루에서 개막하다' 참조**

1533년 7월 11일

교황, 영국의 헨리 8세 파문

헨리 8세(Henry VIII : 1491~1547)는 잉글랜드 튜더 왕조 헨리 7세(Henry VII : 1457~1509)의 둘째 아들이다. 그는 형 아서가 요절하자 아버지의 뒤를 이어 1509년 4월 22일 잉글랜드 국왕에 올랐다.

그리고 그는 정치적인 이유로 에스파냐 왕의 딸이면서 형수인 아라곤의 캐서린(Catherine of Aragon : 1485~1536)과 결혼하였다.

하지만 이후 헨리 8세는 궁녀 앤 불린(Anne Boleyn : 1507?~1536)과 사랑하게 되었다. 이에 그는 로마 교황인 클레멘스 7세(Clemens VII : 1478~1534)에게 캐서린과의 결혼 무효를 신청하였다. 하지만 로마 교황은 그 신청을 거절하였다.

그럼에도 헨리 8세는 캐서린과 이혼을 하였고, 1533년 1월에 앤과 비밀 결혼을 강행하였다. 그러자 7월 11일 교황은 헨리 8세에게 파문을 선언하였다.

이에 헨리 8세는 종교개혁의 명분을 앞세워 로마 가톨릭교회와 결별을 선언하고, 영국 성공회를 만들었다.

* 1509년 4월 22일 '헨리 8세, 잉글랜드 국왕에 오르다' 참조
* 1536년 5월 19일 '영국 헨리 8세의 두 번째 왕비, 앤 불린 처형' 참조

1979년 7월 11일

미국 우주정거장 스카이랩, 지상으로 추락

1959년 독일 출신의 미국 로켓 과학자 베르너 폰 브라운(Wernher von Braun : 1912~1977)은 미국 육군에 '호라이즌 계획Project Horizon'에 관한 보고서를 제출하였다. 이 계획의 최종 목적은 인간을 달에 보내는 것이었다. 미국 항공 우주국NASA은 이를 받아들였다.

이후 이 계획은 '기존의 로켓을 개조해 우주정거장을 건설한다'라는 '스카이랩Skylab 계획'으로 이어졌다.

이에 따라 미국은 1973년 5월 새턴 5호Saturn V 로켓 3단의 내부를 개조해 지구궤도를 도는 우주정거장 스카이랩으로 만들었다. 그 후 이듬해 2월까지 NASA 소속 우주인들은 스카이랩에 세 차례 머물렀다.

그 기간 동안 지질·공학·생의학 등의 여러 실험을 수행하였는데, 그중에는 엑스선이나 자외선을 이용하여 우주를 관측하는 일도 포함되어 있었다.

하지만 스카이랩은 승무원이 철수한 다음 5년 동안 방치되었다. 결국 1978년 6월에 궤도를 이탈하기 시작하여 이듬해인 1979년 7월 11일 대기권에 진입, 대기권과의 마찰로 산산이 부서졌다.

이후 1984년 로널드 레이건 대통령은 길이 100m, 무게 300t의 초대형 우주정거장 프리덤Freedom을 건설할 계획이 있음을 시사하였으나 예산 문제 등으로 취소되었다.

2012년 현재 미국은 러시아, 일본, 캐나다, 유럽우주기구ESA 등과 함께 국제우주정거장ISS 계획을 수립하여 진행하고 있다.

*** 1986년 2월 20일 '러시아, 우주정거장 미르호 발사' 참조**

—

1995년 7월 11일

베트남, 미국과 외교 관계를 정상화하다

—

1986년 12월, 베트남 공산당 제6회 대회에서 도이모이doimoi 정책을 채택하였다. 이것은 '새롭게 한다' '쇄신'을 뜻하는 베트남어로, 베트남의 경제 우선 개방·개혁 정책을 일컫는다.

또한 1990년대 초부터 본격화된 개방 정책을 통해 베트남은 자본주의 경제를 적극적으로 받아들였다.

그리고 1988년 미국, 프랑스 등에 비판적이었던 헌법을 수정하였다.

1991년에는 중국과의 국교를 정상화하였고 1993년에는 우리나라와 외교 관계를 맺었다.

1995년 7월 11일에는 미국과도 외교 관계를 정상화하였다. 이후 베트남은 미국과의 협력 관계를 급속해 강화해 나갔다.

2007년 6월에는 응우옌 민찌엣 베트남 주석이 미국을 처음으로 방문하여 양국 간의 과거사 잔재를 모두 없앴다.

이 방문은 베트남 전쟁 종전 32년 만에 이루어진 방문이었다.

* 1973년 1월 27일 '미국-베트민, 파리 평화 협정 체결' 참조

7월 12일

1954년 7월 12일

일본 자위대, 정식으로 발족하다

자위대의 깃발. 일본 제국주의 시대의 욱일승천기를 연상시킨다.

일본은 1945년 제2차 세계 대전에서 패배하면서 육군·해군·공군의 군대를 보유할 수 없게 되었다. 이른바 '평화헌법'이라 부르는 일본 헌법 제9조는 다음과 같이 규정하였다.

일본은 전쟁을 부인하며, 국제 평화를 성실히 추구한다. 국권의 발동인 전쟁과 무력에 의한 위협과 국제 분쟁의 해결 수단으로써 무력행사를 영구히 포기한다. 이를 달성하기 위하여 육·해·공군 및 기타의 무력은 보유하지 아니한다.

그러나 우리나라에서 1950년 6월 25일 한국전쟁이 발발하자 일본은 치안 유지를 목적으로 경찰예비대를 만들었다. 그리고 이것을 1952년에 보안대로 재편한 후, 1954년 7월 12일에 자위대로 이름을 바꾸었다.

자위대自衛隊는 글자 그대로 자기방어부대Self Defence Forces이며, 현재까지도 '일본 국군'이라는 표현을 사용하고 있지 않다. 자위대는 육상자위대, 해상자위대, 항공자위대로 구분되며, 하사관과 장교로 구성된 지원제를 채택하고 있다.

하지만 자위대는 이름과 다르게 그 실제 규모가 재래식 군사력만으로도 세계 5위 안에 든다는 주장이 있다. 최소한 동아시아 지역 국가들의 군대와 비교하면, 일본의 자위대는 중국 다음이나 중국과 거의 같은 수준의 전쟁 수행 능력을 보유하고 있다. 특히 해상자위대와 항공자위대는 중국을 넘어서는 것으로 평가되고 있다.

자위대의 역할과 맞물려 일본의 방위 정책은 1990년대를 기준으로 구분된다. 1990년대 이전에 일본은 소극적인 방위 정책을 펴고 있었다. 냉전 체제에서 미국은 소련과 대결하였고, 미국은 서방 진영의 모든 국가들을 자신의 영향력 아래에 두기 위해 이들 국가들에게 군사적 · 경제적 지원을 아끼지 않았다.

일본인들은 미 · 일 안보 조약에 의해 미국이 일본의 안보를 책임질 것이라고 확신하고 있었다. 또한 한국, 북한, 중국 등 과거 일본의 침략을 경험하였던 국가들은 끊임없이 일본의 방위 정책에 비판적인 태도를 보여 왔으며, 일본의 과거사에 대한 인식이나 정치 지도자의 야스쿠니 신사 참배 문제 등에 대해서도 민감한 반응을 보였다.

그리고 평화헌법이라는 법적 제약 요인도 있었다. 그러나 1980년대 이후 냉전 체제가 해체되고 미국이 일본에게 안보 비용을 요구하자, 소극적인 방위 정책은 퇴색하기 시작하였다.

특히 1991년에 미국을 중심으로 한 다국적군과 이라크 사이에 발생한 걸프전은 일본 자위대 정책에 큰 변화를 일으켰다. 당시 일본은 다국적군에 130억 달러라는 천문학적인 재정 지원을 하였으나 군대와 같은 인적 공헌을 하지 않았다는 이유로 국제사회로부터 비판을 받았다.

이것은 일본의 정치 지도자들과 국민들에게 충격으로 받아들여졌으며 군사대국화를 바라던 일본 우익 세력에게 좋은 기회가 되었다.

국제사회의 분위기를 인식한 일본 정부는 1991년 4월, 6척의 소해정을 페르시아 만에 파견하였다. 이듬해에는 '평화유지활동PKO 법안'을 국회에서 통과시켰다. 이에 따라 1992년 9월에는 캄보디아에, 1993년 5월에는 모잠비크에, 1994년 9월에는 르완다에 자위대가 파견되었다. 일본의 방위 정책이 적극적인 형태로 나타나기 시작한 것이다.

이후 일본은 신가이드라인 책정(1996년), 테러 대책 특별 조치법 제정(2001년) 등을 통하여 자위대의 해외 파병과 집단적 자위권을 행사할 수 있도록 하고 있다.

그리고 자위대의 활동을 제약하고 있던 자위대법, 도로교통법, 의료법 등을 정비하여 비상사태에 자위대의 적극적인 역할을 강화하고 있다.

이로써 일본의 자위대는 언제든지 정식 군대로 전환하여 전쟁을 수행할 수 있는 형태를 갖추게 되었다. 일본의 침략을 경험했던 주변국들의 우려가 더욱 깊어지고 있다.

1806년 7월 12일

독일 남서부의 16개국, 라인연방 창설

1805년 프랑스의 나폴레옹은 오스트리아와 러시아의 연합군을 패배시켰다.

그리고 나폴레옹은 프로이센 및 러시아와 프랑스 사이의 완충 지대 역할을 수행할 목적으로 독일 남서부에 있는 중소 연방 16개 국가들을 부추겨 동맹 체제를 만들도록 하였다.

그것이 1806년 7월 12일에 창설된 라인연방Rheinbund이다. 이후 오스트리아 제국과 프로이센 왕국, 헤센 다름슈타트 대공국을 제외한 모든 독일 연방국가가 라인연방에 가입하였다.

그 결과, 신성로마제국의 황제였던 프란츠 2세(Franz Ⅱ : 1768~1835)는 오스트리아의 프란츠 1세로 격하되었다. 또한 8월 6일 프란츠가 제위에서 물러나면서 신성로마제국은 해체되었다.

라인연방은 나폴레옹의 꼭두각시 역할을 하다가 1815년 몰락 후 해체되었다.

1946년 7월 12일

중국, 국공 내전 개시

1945년 제2차 세계 대전에서 일본이 패배하자, 1945년 10월 10일 장제스(蔣介石: 1887~ 1975)의 국민당과 마오쩌둥(毛澤東 : 1893~1976)의 공산당 사이에 내전을 피하기 위한 쌍십협정雙+協定이 체결되었다.

그러나 이듬해인 1946년 7월 12일, 미국의 지원을 받은 국민당이 공산당을 공격하면서 협정은 파기되고 내전이 시작되었다.

하지만 그 내전에서 공산당이 승리하면서 공산당은 중국 본토를 차지하게 되었다. 이어 1949년 10월 1일 중화인민공화국을 수립하였다.

타이완으로 쫓겨 난 국민당 정부는 타이베이에 수도를 정하고 타이완 전역에 계엄령을 선포해 행정 · 입법 · 사법부 3권을 장악, '1당 독재' 정치를 폈다. 또한 철저한 반공주의 정책을 취하고 본토 수복을 최대의 목표로 삼았다.

* 1945년 10월 10일 '장제스와 마오쩌둥, 쌍십협정을 체결하다' 참조
* 1949년 10월 1일 '중화인민공화국 수립' 참조

7월 13일

1930년 7월 13일

제1회 월드컵을 우루과이에서 개최하다

"아마추어 선수만이 참가할 수 있는 올림픽에 각국은 최우수 선수를 보내지 않고 있다. 아마와 프로에 관계없이 진정한 세계 챔피언을 뽑는 대회를 개최할 때가 왔다."

1926년 국제축구연맹FIFA 로마 총회에서 앙리 사무총장은 월드컵의 필요성을 주장하였다.

이 당시 프랑스의 줄 리메(Jules Rimet : 1873~1956)가 제3대 국제축구 연맹FIFA의 회장으로 있었다. 줄 리메는 1921년 회장이 된 뒤 세계 선수권 개최에 온갖 정열을 쏟고 있었다.

로마 총회 결과, 회원국의 국가 대표팀이 참가할 수 있는 월드컵 축구 대회를 개최한다는 안건이 통과되었다. 제1회 대회를 열기 위해 개최국을 결정해야 했다.

1924년 파리 올림픽에서 우승한 우루과이가 개최 신청서를 보냈다. 대부분의 유럽인들은 우루과이라는 나라를 처음 들어 보았다. 유럽으로부터 정치·경제적으로 무시당해 온 남미에서 축구는 자신들의 존재를 나타내는 역할을 하였다.

우루과이가 월드컵 개최를 신청한 것은 건국 100주년을 기념하기 위한 것이었다. 우루과이는 최신 경기장 건설과 유럽팀을 위한 여객선 제공 등을 약속하였다.

1927년 바르셀로나 총회에서 우루과이가 참가국의 모든 경비와 체재비를 부담하겠다고 나섬으로써 FIFA는 우루과이를 제1회 개최국으로 결정하였다. 우루과이와 함께 개최 신청을 한 이탈리아, 네덜란드 등은 신청을 포기하였다.

1928년 암스테르담 총회에서는 제1회 월드컵을 2년 후에 개최하고, 그 다음부터는 4년 간격으로 개최할 것을 결정하였다. 1930년에 이르자 국제축구연맹에 가입한 나라는 41개 나라에 이르렀다.

제1회 월드컵 대회를 우루과이에서 열기로 했지만 세계 대회를 개최하기에는 벅찼다. 우루과이 정부는 자금의 부족으로 10만 명을 수용할 수 있는 센테나리오 경기장을 1930년 2월에야 착공할 수 있었고, 결승전 당일 아침까지도 작업이 계속되었다.

유럽에서도 월드컵 참가에 호의적이지 않았다. 대회 개최가 2개월 밖에 남은 않은 상황에서 제1회 대회에 참가 신청을 한 유럽의 국가는 한 나라도 없었다. 유럽에서는 제1차 세계 대전이 끝난 뒤라 전후 복구 사업을 진행 중이었고, 1929년에는 대공황의 폭풍이 몰아치고 있었다.

특히 유럽은 축구에 대한 자부심이 강하였다. 당시 축구의 종주국 잉글랜드는 국제축구연맹에서 탈퇴한 상태였다. 또한 유럽에서 수준 높은 경기를 치를 수 있는데, 굳이 멀리 떨어진 남미까지 갈 필요가 있는가 하는 말들이 오가고 있었다. 회장국이었던 프랑스도 마찬가지였다.

그러나 줄 리메는 선수들과 클럽을 오가며 설득하였다. 루마니아의 카를 황제도 황태자로 있을 때 축구를 즐긴 경험이 있어 월드컵 참가에 적극적이었다. 카를 황제는 선수 한 사람 한 사람에게 참가할 것을 명령할 정도였다.

우여곡절 끝에 1930년 7월 13일 유럽의 4개국을 포함, 13개국이 참가한 제1회 월드컵 축구대회가 열렸다. 첫 번째 경기는 프랑스와 멕시코의 경기였다. 프랑스가 4대 1로 멕시코를 이겨 월드컵 최초의 승리를 기록하였다.

결승전은 우루과이와 아르헨티나의 대결로 결정되었고 우루과이가 4대 2 승리를 거두어 최초의 우승국이 되었다.

그러나 아르헨티나는 우루과이 선수들의 거친 플레이와 심판의 편파 판정 때문에 경기에 졌다며 항의하였다. 결국 두 나라는 국교를 단절하였다.

정열과 환희의 월드컵 대회는 이렇게 출발하였다.

1793년 7월 13일

프랑스 혁명가 마라 암살되다

"나의 불행은 당신의 호의를 필요로 합니다."

-마리 안 샤를로트 코르데, 1793년 7월 13일 마라에게 보낸 편지

프랑스의 혁명가 장 폴 마라(Jean Paul Marat : 1743~1793)는 욕실에서 마리 안 샤를로트 코르데(Marie-Anne Charlotte de Corday d'Armont : 1768~1793)의 소개서를 읽고 있었다. 그 순간, 코르데는 숨기고 있던 칼로 마라를 찔렀다. 1793년 7월 13일의 일이었다.

마라의 혁명 동지인 자크 루이 다비드(Jacques Louis David : 1748~1825)가 그린 「마라의 죽음Death of Marat」에서 마라는 머리에 터번처럼 생긴 수건을 두른 채 욕조에서 피를 흘리며 죽어 있다.

마라는 1743년 스위스 뇌샤텔에서 태어났다. 그는 16세 때인 1758년 프랑스로 건너가 보르도에서 의학을 공부하였고, 1765년부터는 영국 런던에서 의사로 활동하였다.

이후 프랑스에 초빙을 받아 루이 16세(Louis XVI : 1754~1793)의 동생인 아르투아 백작(후의 샤를 10세)의 밑에서 1783년까지 일하였다. 그 무렵부터 마라는 반체제 운동을

「**마라의 죽음**」

시작하였다.

그는 프랑스혁명이 일어난 1789년 9월 『인민의 벗』을 창간하고, 민중을 혁명의 주체로 끌어들이고자 하였다. 1792년 민중 봉기가 일어나자 파리 코뮌을 지휘하면서 자코뱅당 의원으로 선출되었다. 하지만 그는 혁명에 반대하는 자를 과격하게 숙청하는 독재 정치를 하였기 때문에, 반대파인 지롱드당에게 반발을 샀다.

결국 마라는 지롱드당의 사주를 받은 샤를로트 코르데에게 자택 욕조 안에서 찔려 암살당하였다.

한편 마라를 살해한 코르데는 현장에서 체포되어 7월 17일 단두대에서 처형되었다.

* 1793년 1월 21일 '프랑스 루이 16세 처형' 참조
* 1871년 3월 18일 '프랑스, 파리 코뮌 결성' 참조

2000년 7월 13일

미국과 베트남, 자유 무역 협정 체결

2000년 7월 13일, 미국과 베트남이 워싱턴에서 자유 무역 협정을 체결하였다. 베트남 전쟁이 끝난 지 25년 만이었다.

미국 무역대표부USTR의 샬린 바셰프스키 대표와 부 콴 베트남 무역부 장관이 협정에 서명하였다.

이 협정은 사실 1999년에 대강의 골격이 합의된 상태였다. 하지만 시장 개방에 따른 통제력 상실을 우려한 베트남 공산정권이 막판에 협

정이 불공정하게 이루어졌다며 서명을 거부하는 바람에 추가 협상에 들어가게 된 것이었다.

　미국은 베트남의 세계무역기구WTO 가입 지원을 약속하며 협상을 성공적으로 마무리하였다.

　협상의 결과, 미국과 베트남은 양국 시장을 다른 나라들과 똑같은 수준으로 개방하기로 합의하였다. 관세를 내리고 양국 간의 지적재산권을 보호하며 투자 장벽도 대폭 완화하게 되었다.

　이로써 두 나라는 베트남전 이후 처음으로 완전한 관계 회복이 이루어지게 되었다.

* 1973년 1월 27일 '미국-베트민, 파리 평화 협정 체결' 참조
* 1995년 7월 11일 '베트남, 미국과 외교 관계를 정상화하다' 참조

7월 14일

1789년 7월 14일

프랑스혁명이 일어나다

바스티유 감옥 함락 당시 갇혀 있던 사람들은 모두 7명이었다. 정신병자 2명, 가족들이 수감 비용을 지불하고 있는 비정상적인 젊은이 1명, 위조죄를 지은 4명 등이었다. 알려진 것과 다르게 정치범은 한 명도 없었다.

루이 16세(Louis XVI : 1754~1793)가 1793년 1월 21일 처형되면서 프랑스의 절대왕정은 막을 내렸다. 중세 봉건제를 소멸시키고 자본주의 발전을 보장한 프랑스의 시민혁명은 자유와 평등을 정치적으로 실현시킨 대사건이었다.

이 사건은 바스티유 감옥 습격에서 출발하였다. 프랑스혁명의 역사적 배경은 앙시앙레짐ancien régime, 곧 '구舊체제'의 모순에 있었다. 특히 프랑스의 재정 위기와 이를 극복하기 위한 루이 16세의 삼부회 소집이 혁명의 직접적인 배경이 되었다.

1614년부터 소집되지 않았던 삼부회는 특권층인 제1 · 2신분, 즉 성직자 · 귀족층과 제3신분인 시민으로 구성되어 있었다. 왕과 특권층은 시민계급, 즉 부르주아bourgeois들로부터 재정적인 도움을 받고자 하였다. 그전에 루이 16세는 튀르고(Anne-Robert-Jacque Turgot : 1727~1781), 네케르(Jacques Necker : 1732~1804) 같은 재무장관을 임명하여 개혁을 시도하였으나 귀족들의 반발로 실패한 적이 있었다.

삼부회가 소집되자 제3신분은 구체제의 개혁을 요구하였다. 특권계급인 성직자들과 귀족들도 세금을 낼 것, 국민의 자유를 보장하는 명문화된 헌법을 제정할 것 등의 다양한 주장을 제시하였다.

그러나 특권층은 1789년 5월 5일에 시작된 삼부회에서 투표를 하되 옛날부터 해오던 신분별 투표를 요구하였다. 만약 신분별 투표를 하면 2대 1로 제3신분이 패배할 것이 분명하였고, 그들의 개혁 요구는 받아들여질 수 없었다.

이에 법률가 · 상인 · 은행가 · 농민 등으로 구성된 제3신분 대표들은 신분별 투표를 반대하였다. 이들은 6월 20일에 헌법을 제정할 때까지 해산하지 않겠다는 테니스 코트 선서를 하고 국민의회를 만들었다.

왕과 귀족은 헌법을 제정하려는 국민의회를 군대를 동원해 탄압하고자 하였다. 그리고 삼부회 소집 결정 후에는 1788년에 재무장관으로 다시 임명하였던 네케르를 해임하였다.

당시 프랑스의 민심은 매우 험악한 분위기였다. 특히 1788년에 흉년이 들어 빵 값이 턱없이 올랐고, 물가고物價高로 인한 폭동이 1789년 봄부터 일어나고 있었다. 그리고 파리의 시민들은 그들의 주장을 대표하고 있는 국민의회를 국왕이 군대를 끌어들여 해산할 것으로 예측하였다.

7월 1일 혁명가 장 폴 마라(Jean Paul Marat : 1743~1793)는 파리 부근에 머물고 있던 외국 군대의 위협을 시민들에게 알렸다.

"시민 여러분, 귀족들의 행동에 주목하고 여러분의 태도를 결정하십시오. 우리 국민회의의 해산이 그들의 목적입니다. 그들은 폭동을 유도하고 있습니다. 그들은 군인과 총검이라는 가공할 무기로 여러분을 에워쌀 것입니다."

파리 시민들이 네케르의 파면 소식을 들은 것은 7월 12일 일요일 아침이었다. 파리 시민들은 점점 더 불안해하였다. 금융업자들은 네케르의 파면이 파산으로 이어질 것으로 여겼고, 주식중개인들은 증권거래소를 폐쇄하기로 결정하였다. 파리 곳곳에서는 프랑스 정부를 비판하는 웅변가들이 열변을 토하고 있었다.

오후 3시 30분경에는 언론인 출신의 카미유 데물랭(Camille Desmoulins : 1760~1794)이 권총을 내저으며 시민들에게 무기를 들라고 외쳤다. 시민들은 집회를 열었고 시위를 하였다.

이 무렵, 국민의회는 파리 시청에서 새로운 모임을 가지고 있었다. 여기에서 왕의 군대로부터 파리 시민의 안전을 책임질 파리 민병대를 설립하자는 주장도 나왔다.

다음 날, 국민의회는 파면당한 네케르에게 존경과 유감의 뜻을 전하였다. 시민들은 무리를 지어 거리를 누비고 귀족들의 집을 수색하였다. 시민들은 바리케이드를 쳤고 철공소의 노동자들은 창을 만들었다.

7월 14일, 혁명의 날이 밝았다. 파리 시민들은 무기를 구하기 위해 나섰다. 상이용사를 위해 지어진 한 병원에서 3만 2,000개의 소총을 구하였다.

그리고 시내 동쪽 끝에 있는 바스티유 감옥으로 향하였다. 무기와 탄약을 얻기 위해서 행진한 것이었다. 감옥의 높이는 무려 30m나 되었고, 밖으로는 폭 25m의 물이 흐르는 해자垓子가 있었다. 이 음산하고 공포심을 일으키는 건물은 구체제를 상징하는 감옥이었다. 시민과 민병대들은 감옥 앞에 포를 설치하였다.

감옥을 지키던 수비사령관 드 로네(Bernard Rene Jordan de Launay : 1740~1789)와 시민 대표의 담판이 이루어졌다. 이 와중에 해자를 건널 수 있도록 만든 다리가 시민들에 의해 내려지자 감옥 수비대와 시민들 사이에 전투가 벌어졌다.

이때 왕의 명령을 받아야 할 프랑스 방위대 2개 분대가 민병대와 함께 도착하여 시민들을 지원하였다. 결국 드 로네는 항복하였고 바스티유는 함락되었다.

이 사건 자체는 별로 중요하지 않다고 할 수도 있다. 그러나 왕은 더 이상 군대의 충성심을 믿을 수 없었고, 무엇보다 시민들의 힘을 알게 된 상징적인 사건이었다. 루이 16세는 다음 날까지 도망할 것인가 아니면 항복할 것인가로 망설였다.

다음 날 왕은 국민회의에 나타났다. 왕은 군대를 철수시켰고 네케르를 다시 불러들였다. 시민의 힘 앞에 굴복한 왕을 본 귀족들은 프랑스를 빠져나가기 시작하였고, 혁명의 불길은 파리를 벗어나 지방으로 퍼져나가기 시작하였다.

프랑스혁명은 이렇게 시작되었고, 프랑스는 바스티유 감옥을 함락한 7월 14일을 혁명 기념일로 정하였다.

* 1789년 6월 17일 '프랑스의 제3신분 국민의회 결성' 참조
* 1789년 6월 20일 '프랑스 국민의회, 프랑스 혁명의 서막을 알린 테니스 코트 선서를 하다' 참조
* 1793년 1월 21일 '프랑스 루이 16세 처형' 참조

1958년 7월 14일

이라크의 7 · 14 혁명이 일어나다

1958년 7월 14일 이라크에서 청년장교단에 의한 군사쿠데타가 발발하였다.

압둘 카림 카심(Abdul-Karim Qasim : 1914~1963) 장군을 중심으로 한 그들은 국왕 파이잘 2세(Faysal Ath-tháni)의 부패한 하심 왕정을 타도하고, 이라크 공화국을 수립하였다. 영국에게서 독립한 지 26년 만이었다.

이 군부 쿠데타는 비민주적인 군주제를 무너뜨리고 여러 사회개혁을 이룬 공로로 이라크 역사에 '혁명'으로 기록되었다.

당시 이라크는 현 요르단 왕실과 한 뿌리인 하심 왕가가 다스리고 있었다. 하심 왕가는 영국의 식민 통치에서 벗어난 1932년 파이잘 1세(Faysal I : 1883~1933) 국왕이 즉위하면서부터 탄생하였다.

당시 아랍권에는 '범아랍주의'로 표현되는 민족주의 정서가 널리 퍼져 있었다. 하지만 왕정은 서방의 석유 회사들에게 유전 이권을 넘겨주는 등 친서방 정책을 펼쳤다.

제2차 세계 대전이 끝난 후에 유럽이 불황을 겪자 이라크 경제도 침체에 들어갔다. 물가가 치솟고 삶의 질이 떨어졌다. 왕정에 대한 국민들의 반발은 갈수록 높아졌다.

1955년 미국의 압력으로 이라크는 이란 · 파키스탄 · 터키와 '바그다드 협정'을 체결하였다. 그러나 1956년 이집트에서 수에즈운하 국유화를 계기로 반서방 운동이 거세지면서, 미국의 의도와 달리 중동의 민족주의 흐름은 더욱 커졌다.

1958년 초 이집트 · 시리아 · 요르단의 '아랍연합공화국UAR'이 출범하였다. 이에 고무된 이라크 젊은 장교들이 7월 14일에 쿠데타를 일으킨 것이었다.

파이잘 2세 국왕과 압둘 일라 왕세자, 왕실 측근이던 알 사이드 총리는 살해되었다. 혁명을 이끈 카심은 이집트 가말 압둘 나세르의 범아랍주의를 추종하는 '나세리스트'였다. 카심의 새 정권은 바그다드 협정을 탈퇴하고 소련과의 관계를 강화했으며 공산당 창당을 허용하고 석유 산업 국유화를 추진하였다.

그러나 미국은 이를 용납하지 않았다. 게다가 1963년까지 총리직에 있던 카심은 정권 내부의 권력 투쟁으로 기반이 약해졌다.

결국 1963년 바트당이 미 중앙정보국CIA의 지원 하에 다시 쿠데타를 일으켜 5년 동안 이라크를 통치하던 카심을 몰아냈다. 또한 그의 지원 세력이던 좌익 세력도 숙청하였다.

*** 1956년 7월 26일 '이집트의 나세르 대통령, 수에즈운하 국유화 선언' 참조**

1965년 7월 14일

미국 마리너 4호, 화성 근접 촬영 성공

미국은 금성, 수성, 화성 등의 태양계 탐사를 위해 무인 탐사선 마리너를 1호부터 10호까지 발사하기로 계획하였다. 마리너Mariner는 항해자라는 뜻이다.

그 계획의 일환으로 1962년 7월 22일, 미국 최초의 무인 행성 탐사기인 마리너 1호가 금성 탐사를 위해 발사되었다. 하지만 발사 293초 후, 비행 시스템에 오류가 발생해 정상 궤도에 오르지 못하였다. 결국 마리너 1호는 파괴 명령에 의해서 폭파되었다.

그 후 1964년 11월에 마리너 4호가 발사되어, 이듬해인 1965년 7월 14일 화성에서 9,600km 떨어진 곳을 통과하면서 화성 표면을 촬영하는 데 성공하였다.

마리너 4호는 미 항공 우주국NASA으로 22장의 화성 표면 사진을 전송하였다. 사진에는 지름이 120m나 되는 분화구를 비롯하여 크고 작은 분화구 1만여 개가 나타나 있었다. 이로써 마리너 4호를 통해 화성 표면에 많은 분화구가 존재한다는 사실이 확인되었다.

마리너 4호는 또 화성에 자기장의 징후가 없고 표면 기압이 지구의

1% 이하라는 사실도 밝혀냈다.

한편 2002년에는 무인 화성 탐사선 오디세이Odyssey를 통해 화성의 지하 90cm에서 물로 이뤄진 거대한 얼음층을 발견하였다.

*** 1997년 7월 5일 '미국 무인 탐사선 패스파인더호, 화성에 착륙하다' 참조**

1977년 7월 14일

일본 최초의 정지 기상 위성 히마와리호 발사 성공

1977년 7월 14일, 일본은 최초의 정지 기상 위성GMS인 히마와리호 발사에 성공하였다. 히마와리는 '해바라기'란 뜻이다.

히마와리 정지 위성은 동아시아에서는 유일하게 세계기상기구WMO로부터 공신력을 인정받았다.

1999년에는 2000년에 수명이 끝나는 히마와리를 대신하여 대체 위성을 발사하였으나 실패하였고, 미국 위성으로 기상 관측을 해 왔다.

2005년 2월에는 가고시마 현 다네가시마 우주 센터에서 기상 관측 및 항공관제 다목적 위성MTSAT을 탑재한 대형로켓 H2A 7호를 쏘아 올리는 데 성공하였다.

이후 2006년까지 일본은 총 17개의 기상 및 지구 관측 위성을 쐈다.

한편 세계 최초의 기상 위성은 미국의 타이로스 1호Tiros 1로 1960년 4월 1일 발사되었다.

*** 1960년 4월 1일 '미국, 세계 최초로 기상 위성 타이로스 1호 발사' 참조**

7월 15일

1099년 7월 15일

제1차 십자군, 예루살렘을 점령하다

"신은 핑계였을 뿐 이 전쟁의 목적은 영토와 재물이었어."

-영화「킹덤 오브 헤븐Kingdom of Heaven」

　11세기 말에서 13세기 말 사이에 서유럽의 그리스도교도들은 성지 팔레스타인과 예루살렘을 이슬람교도들로부터 탈환하기 위해 8회에 걸쳐 대★원정에 참여하였다. 이때 전쟁에 참가한 기사들이 가슴과 어깨에 십자가 표시를 했기 때문에 이들을 십자군이라고 부르게 되었다.

　하지만 십자군 전쟁은 단순히 그리스도교도와 이슬람교도 간의 종교 전쟁이라고 규정할 수는 없다. 봉건 영주는 새로운 영토 지배의 야망으로, 상인들은 경제적 이익에 대한 욕망으로, 농민들은 봉건 사회로부터 벗어나려는 희망으로 저마다 원정에 참가하였던 것이다. 여기에 호기심 · 모험심 · 약탈 욕구 등 잡다한 동기가 신앙으로 포장되어 있었다.

　대체로 십자군 시대의 서유럽은 봉건 사회의 기초가 다져지고 상업과 도시의 발달도 어느 정도 이루어져 있었다. 노르만인의 남南이탈리아 및 시칠리아 정복, 에스파냐의 국토 회복 운동, 동부 독일의 대對식민 활동 등에서 볼 수 있듯이 주변 정세도 역동적이었다. 따라서 십자군도 정치적 · 식민적 운동의 일환이 될 수밖에 없었다.

　1071년 8월 이슬람의 셀주크 투르크가 그리스도교 비잔티움 제국을 침략하였다. 이에 맞서 비잔티움 제국의 황제 로마노스 디오게네스는 투르크의 북서쪽 40km 지점에 있는 만지케르트에서 전투를 벌였다. 하지만 그는 패배하고, 투옥까지 당하였다. 뒤를 이어 1081년 알렉시우스 1세(Alexius I : 1048~1118)가 비잔티움 황제에 올랐지만 그 역시도 안티오크, 베데스다 등의 소아시아 지역을 이슬람에게 빼앗겼다.

　이에 알렉시우스 1세는 서방에 원군을 요청하였다. 긴급한 상황을 전해 들은 교황 우르반 2세(Urbanus II : 1042?~1099)는 그리스도의 무덤을 되찾고 동방의 그리스도인들을 구출하기 위해 원정군을 보내자고 호소하면서 십자군을 모집하였다.

　예수가 살다가 죽은 이스라엘 성지 순례에 대한 열망, 동방과의 무역을 원하는 이탈리아 상인들의 상업적인 야심 등이 복합적으로 결합되어 십자군이 결성되었다. 특히 십자군에 참가하여 전사할 경우 순교자가 된다는 것도 열성적인 신자들을 원정군에 쉽게 참가하게 하였다.

　그러나 제대로 준비되지 않은 제1차 원정에서부터 큰 문제가 드러났다. 발칸 지역을 지날 때에 지휘자의 통솔을 제대로 받지 않은 이들은 지방 주민들에게도 방화와 학살을 하는 등 참극을 일으켰다. 전투 경험이 전혀 없는 많은 원정군들은 예루살렘에 도달하기도 전에 셀주크 족의 공격을 받아 전멸하기도 하였다. 그러나 나머지 원정군들은 악전고투 끝에 1098년 안티오키아를 함락하고 1099년 7월 15일 예루살렘을 정복하였다.

　이로써 라틴계 예루살렘 왕국이 생겨나고, 보두앵(Baudouin I : 1172~1205)이 콘스탄티노폴리스 라틴 제국의 초대 황제가 되었다. 하지만 1187년 예루살렘은 이슬람의 살라딘(Saladin : 1138~1193)에게 점령당하였다. 이에 다시 제4차 십자군이 일어나 베네치아 해군과 함께 1204년 콘스탄티노폴리스를 점령한 후, 라틴 제국을 세웠다.

　그러나 이 과정에서도 부녀자와 유아와 노인들까지 무차별적으로 학살하는 만행을 저질렀다. 서유럽에서 목적지까지 오는 동안 이슬람 매복병들의 습격을 받아 매일매일 수많은 동료들이 전사하는 가운데 겨우 살아남은 이들의 보복 심리와 이슬람 군대의 강력한 항전도 서로를 살육의 참상으로 몰고 갔다. 양측 모두 이성적인 자제력을 기대할 수 없는 상황에서 신앙의 가르침과는 전혀 무관하게 생존의 본능만이 절대 기준으로 작용했던 것이다.

　이후 1270년까지 십자군 원정이 계속되었다. 하지만 결국 서방에서는 차츰 십자군 원정에 반대하는 여론이 조성되고 비폭력적인 설교를 통해 이 지역에 복음을 전파하려는 운동이 일어났다.

유럽 내부에서도 이교도 문제, 즉 스페인의 무어인, 이교 슬라브인, 프랑스 남부의 알비파 이단 등 더 현실적인 문제들이 다가왔다. 이로 인해 십자군 원정은 더 이상 지속되지 않았다. 약 200여 년 동안 계속된 십자군 전쟁에는 약 700여 만 명이 동원되었고, 200여 만 명이 목숨을 잃었다.

결국 십자군 원정은 성지 회복이라는 본래의 목적은 달성하지 못하고 끝나고 말았다. 하지만 십자군이 지나가는 길목에서 물자를 대어 주던 이탈리아 여러 도시들의 상업이 발달되었고, 물물 교환에 의지하던 경제가 화폐 중심의 경제 체제로 바뀌었다.

그리고 전쟁 비용을 부담한 제후, 기사, 영주들이 경제적으로 몰락한 반면에 국왕들은 봉건 영주의 영지를 몰수하여 재산을 늘려 갔다. 십자군 운동을 부르짖었던 교황의 권력도 점차 쇠퇴하면서 왕권이 강화되었다. 또한 이슬람 문화권의 학문과 예술이 유럽으로 흘러들어 가는 계기가 됨으로써 르네상스를 촉발시키는 계기를 마련하였다.

*** 1204년 4월 12일 '제4차 십자군, 비잔틴 제국의 콘스탄티노플을 점령하다' 참조**

1904년 7월 15일

러시아 작가 안톤 체호프, 결핵으로 사망하다

"이 세상에서 그 무엇을 주어도 아깝지 않을 분들은 부모님이십니다. 만약 내가 출세를 한다면 자식에 대한 끊임없는 사랑을 주신 부모님을 모든 칭찬 위에 올려놓을 겁니다."

-체호프, 16세 때 사촌형에게 보낸 편지

집안은 파산하였고 형들은 모스크바에서 공부를 하고 있었다. 안톤 체호프(Anton Pavlovich Chekhov : 1860~1904)는 몰락한 집안의 정신적 기둥이었지만 아버지는 가족들을 매우 엄하게 대했다. 어린 체호프가 또래 아이들을 처음 만나 하는 말이 '너, 집에 가면 매 안 맞니?'라고 물어 볼 정도였다.

하지만 체호프는 밝은 성격을 잃지 않으려 했고 자기를 힘들게 하던 부모님에게 한없는 존경을 보냈다. 그의 이런 성격은 훌륭한 유머 소설을 쓰는 바탕이 되었다. 체호프가 글을 쓰게 된 동기도 자기가 집안의 가계를 책임져야 하는 가족애에서 출발한 것이었다. 어쩌면 몰락한 집안 덕분에 세계적인 문학가가 탄생한 것인지도 모른다.

체호프는 19세가 된 1879년에 모스크바 대학교 의학부에 입학하였다. 궁핍한 가족에 도움이 되려고 쓰기 시작한 경쾌하고 명랑한 유머 소설은 곧 문단의 주목을 받았다. 그리고 1882년 이후 5년 동안 무려

300편의 단편소설을 『단편』이라는 잡지에 발표하였다.

이때 체호프는 안토샤 체혼테라는 가명을 사용하였다. 체호프라는 본명을 쓴 것은 의학부를 졸업한 2년 후인 1886년에 편찬된 『잡화집』 이후이다.

그의 글을 읽은 비평가들은 그의 새롭고 날카로운 심리 묘사에 반해 "종달새처럼 노래하는 체호프"라며 칭찬하였다. 반면에 "이렇게 글을 잘 쓰는 작가가 사람을 웃기기 위해 유머 소설만을 쓰는 것은 슬픈 현실이다."며 비판을 하기도 하였다.

체호프는 중견 작가인 드미트리 그리고로비치(Dmitrii Vasil'evich Grigorovich : 1822~1899)로부터 "너의 재능을 낭비하지 말라."는 편지를 받고 작가로서 새로운 길을 떠났다.

그는 1887년에 쓴 희곡 「이바노프Ivanov」를 2년 후에 극장에서 상연하여 호평을 받았다. 하지만 그해 가을에 발표한 「숲의 주인」(후에 「바냐 아저씨」라고 이름을 바꿈)은 혹평을 받았다.

1890년 3월에 체호프는 『우울한 사람들』을 발표하고, 시베리아를 횡단하여 그가 '슬픔의 틈새'라고 묘사한 사할린 섬으로 갔다. 이곳에서 러시아의 감옥 제도의 실태를 관찰하였으며 1895년에 『사할린 섬』을 발표하였다.

1891년 러시아에 흉년이 들자 체호프는 난민을 구제하기 위해 모금 운동을 하였고 구호 단체를 만들기도 하였다. 1892년 모스크바 주의 멜리호보로 옮겨 글을 쓰면서 농민들을 무료로 진료하기도 하였고 1896년에는 초등학교를 세우기도 하였다. 고향인 타간로크의 도서관에는 많은 책들을 기증하였다.

하지만 1897년에 건강이 나빠져 병원에서 지냈으며, 1899년에는 결핵 요양을 위하여 크림반도의 얄타로 거처를 옮겼다. 부인 올리가와는 1901년에 결혼하였다. 1904년 1월에 그의 마지막 희곡인 「벚꽃 동산」 공연이 있었다. 체호프는 창백한 얼굴을 하며 축하 인사를 받았지만 몇 개월 후 더 이상 영광스런 그의 모습을 볼 수 없었다.

연극을 공부하는 사람에게 체호프는 교과서나 다름없는 인물이다. 그는 필명인 체혼테를 쓰던 시절에는 순수한 웃음을 전했지만, 체호프라는 이름을 쓴 이후에는 유머 속에 비극적인 풍자가 들어 있다.

희극을 쓰기 시작한 1880년대 말 이후에는 「6호실」 「농부들」 「상자 속에 든 사나이」 「귀여운 여인」 등의 원숙하고 사상이 깊어진 작품들을 남겼다.

그리고 체호프의 4대극으로 꼽히는 「갈매기」 「바냐 아저씨」 「세 자매」 「벚꽃 동산」은 세계 희곡사史에서 불후의 명작으로 꼽히고 있다. 이들 작품들에서는 인물들의 일상생활과 대화가 뚜렷한 줄거리와 사건도 없이 조용히 흘러가고 있지만, 서정적이면서 아름다운 대사와 침묵 그리고 효과음 등이 이상한 박력과 긴장감을 가지고 있다.

그의 희곡을 분위기의 극, 정적인 극이라고 부르는 이유이다.

1907년 7월 15일

중국 여성 혁명가 추근 처형당하다

"내가 지옥에 가지 않는다면 누가 간단 말이냐. 혁명은 피를 흘려야 비로소 성공하는 것이다. 내가 죽게 되면 혁명이 5년은 빨라질 것이다."

추근(秋瑾 : 1875~1907)은 중국 저장 성浙江省에서 태어났다. 그녀의 아버지는 고위 관리였다. 추근은 시와 문학뿐만 아니라 경마와 무술을 익혔다. 그 후 20세에 시집을 가서 1남 1녀를 두었다.

추근은 남편 친구 부부로부터 자유로운 사상을 알게 되었으며, 청일전쟁에서 조국이 패하자 1904년 가족을 남겨둔 채 홀로 일본으로 떠났다.

이듬해에 쑨원(孫文 : 1866~1925)이 일본에서 중국 혁명 동맹회를 조직하자 거기에 가입하여 고향인 저장 성 분회장에 선출되었다.

1906년 귀국하여 혁명 활동과 여성 계몽 활동을 하였다. 1907년『중국여보中國女報』를 창간하였으며 대통大通 사범 학당을 운영하다가 청 정부에 체포되어 1907년 7월 15일 처형당하였다.

처형되기 전 추근은 다음과 같은 시를 남겼다.

가을바람 가을비가 사람을 못 견디게 한다.

1997년 7월 15일

이탈리아의 패션 디자이너 지아니 베르사체 피살

1997년 7월 15일 이탈리아의 패션 디자이너 지아니 베르사체(Gianni Versace : 1946~1997)가 미국 플로리다 주 마이애미에 있는 자신의 호화 별장 앞에서 20대 백인 청년이 쏜 총에 맞아 피살되었다.

베르사체는 이탈리아 남부 칼라브리아에서 태어났다. 그는 26세 때 이탈리아 패션 1번지 밀라노에 등장하였다. 그 후 제니와 발렌티노 등 유명 패션회사 디자이너로 일하던 그는 1978년 자신의 이름을 딴 지아니 베르사체 상표를 내걸고 독립하였다.

베르사체는 간결하면서도 세련된 맵시에 균형과 조화, 그리고 과감한 색채가 어우러진 디자인으로 명성을 떨쳤다.

한편 베르사체를 살해한 범인은 필리핀계 미국인인 앤드루 쿠나난이었다. 그는 이미 4명을 살해한 연쇄살인범이었다. 쿠나난은 동성애자들을 상대로 한 고급 남창으로 밝혀졌다.

베르사체 역시 커밍아웃한 동성애자였다. 피살 당시, 남자친구 안토니오 다미코와 함께 휴가를 보내던 중이었다.

7월 16일

1945년 7월 16일

미국, 원자폭탄 실험에 성공하다

"핵연쇄반응 현상은 결국 폭탄을 만드는 데 이용될 것입니다. 확실한 것은 아니지만 만약 새로운 폭탄이 만들어지면 아주 강력한 것이 되리라고 생각합니다. 이런 폭탄 한 개가 운반되어 항구에서 폭발하면 항구 전체를 완전히 파괴할 수 있을 것입니다."

　　독일에서 미국으로 망명한 과학자들은 독일이 핵무기를 만들 수 있다는 공포를 가지고 있었다. 특히, 독일 나치가 1939년에 체코슬로바키아를 점령하고 우라늄 광석 수출을 금지하자 과학자들은 아돌프 히틀러(Adolf Hitler : 1889~1945)가 핵전쟁을 준비하고 있다고 확신하게 되었다.

　　미국의 과학자들은 독일의 상황을 미국 정부에 경고해야 한다고 생각하였다. 헝가리 출신으로 미국으로 망명한 독일 물리학자인 레오 실라르드(Leo Szilard : 1898~1964)는 노벨물리학상을 받은 알베르트 아인슈타인(Albert Einstein : 1879~1955)을 찾아갔다. 그는 미국의 프랭클린 델러노 루스벨트(Franklin Delano Roosevelt : 1882~1945) 대통령에게 핵폭탄 개발을 촉구하는 편지에 서명해 줄 것을 부탁했다. 아인슈타인이 서명한 편지는 루스벨트 대통령에게 전해졌다.

　　1895년 11월 독일의 물리학자 빌헬름 뢴트겐(Wilhelm Conrad Roentgen : 1845~1923)은 크룩스관을 이용해 실험을 하다가 우연히 X선을 발견하였다. 그는 연구 결과를 학계에 보고하였다. 뢴트겐의 X선 발견은 과학계에 급속히 알려졌다.

　　1896년에는 프랑스의 베크렐(Antoine-Henri Becquerel : 1852~1908), 피에르 퀴리(Pierre Curie : 1859~1906)와 마리 퀴리(Marie Curie : 1867~1934) 부부가 방사능 물질을 발견하였고, 퀴리 부인은 방사선의 원리에 대해 이론적인 기초를 만들었다.

　　이들의 발견으로 세상에 원자보다도 더 작은 입자가 존재한다는 사실이 알려졌다. 방사능 물질에서 나온 방사선은 X선보다 투과성이 더 크고 에너지도 더 컸다. 과학자들은 원자의 내부를 더욱더 파고 들어갔다.

　　1932년 영국의 물리학자 채임스 채드윅(James Chadwick : 1891~1974)은 중성자를 발견하여 원자의 질량 문제를 해결하였다. 그전까지는 전자와 양성자밖에 알려지지 않아 원자의 질량이 양성자 질량을 모두 합한 것보다 훨씬 무거운 이유를 설명하지 못했었다.

1934년 이탈리아의 물리학자인 엔리코 페르미(Enrico Fermi : 1901~1954)는 중성자를 원자핵 실험에 이용해 중성자의 특이성을 발견하였다. 그는 중성자에 의한 충격 실험을 통해 핵분열 현상을 설명할 수 있는 계기를 마련하였다. 더욱 중요한 것은 속도를 늦춘 중성자를 충돌시키면 인공 방사능 물질의 방사능은 더욱 커지게 된다는 점이었다.

페르미는 실험을 계속하여 원자번호가 92인 우라늄에 중성자 하나를 더해 원자번호가 93인 새로운 원소를 만들려고 하였다, 그러나 실험은 실패하였다.

이 이유를 1939년 독일의 과학자 오토 한(Otto Hahn : 1879~1968)이 밝혀냈다. 즉 중성자를 흡수한 우라늄은 질량이 큰 원소가 되는 것이 아니라 핵분열로 인해 질량수가 작은 두 개의 원소로 변했던 것이다.

또한 계속 쏟아지는 중성자 때문에 일어나는 연쇄 반응은 아인슈타인의 질량 에너지 등가원리($E=mc^2$)에 따라 엄청난 에너지가 나온다는 사실을 발견하였다.

실제로 1g의 우라늄이 분열하면서 방출하는 에너지는 3.2t의 석탄, 267l의 석유, 21t의 TNT가 내뿜는 에너지와 비슷하다. 더군다나 각 단계의 반응이 일어나는 시간 간격이 겨우 50조 분의 1초밖에 되지 않으므로 아주 짧은 시간 동안에 엄청난 양의 에너지가 방출되어 그 위력은 상상할 수 없을 정도였다. 핵이 쪼개질 수 있다는 사실은 원자폭탄 제조에 결정적인 이론적 토대를 제공하였다.

핵분열을 이용해 핵폭탄을 만들 수 있다는 것을 실라르드는 직감할 수 있었고 곧바로 아인슈타인을 찾아간 것이었다. 만약 독일이 먼저 핵무기를 개발한다면 세계는 온통 나치의 치하로 들어갈 것으로 과학자들은 예상하였다.

아인슈타인의 서명이 든 편지를 받은 루스벨트 대통령은 극비리에 핵폭탄을 제조하라는 지시를 내렸다.

1942년 8월에 원자폭탄을 제작하는 부서를 육군 공병과에 설치하여 군, 산업체, 대학이 공동으로 작업을 진행시켰다. 맨해튼 계획Manhattan Project으로 알려진 이 연구는 성공적으로 이루어졌다.

1945년 7월 16일 마침내 미국 뉴멕시코 주 앨러모고도 사막에서 카운트다운이 시작되었다. '제로'와 함께 불덩어리가 치솟았고 사막에는 인류가 만든 인공 햇빛이 비춰졌다.

바로 그 시각 포츠담 회담에 참석 중이던 미국의 해리 트루먼(Harry Shippe Truman : 1884~1972) 대통령은 극비 전문을 받았다.

"아기가 건강하게 탄생하였습니다."

*** 1946년 7월 1일 '미국, 비키니 섬에서 최초의 공개 원폭 실험' 참조**

622년 7월 16일

무함마드의 헤지라가 이루어지다

저는 이곳을 더 사랑하지만 제가 거주할 곳으로 알라 하나님께서 메디나를 선택하여 주셨습니다. 저는 메카를 두고 메디나로 떠납니다.

무함마드(Muhammad : 570~632)는 이슬람교를 알리기 위해 메카에서 포교했지만 온갖 탄압과 박해를 받았다. 여러 우상들을 구세주로 생각하고 있던 메카인들에게 유일신인 알라를 믿으라고 전파하는 것은 위험천만한 일이었다.

하지만 무함마드의 알라에 대한 신앙은 변하지 않았고 서서히 주변 사람들을 전도하였다. 먼저 아내 카디자(Kadidja : 555~619)가 그를 따랐고 어린 사촌 동생인 알리, 해방된 노예인 자이드, 부유했던 아부 바크르(Abū Bakr : 573?~634) 등이 그 뒤를 따랐다.

처음 이슬람교의 신자는 대부분이 가난하고 학대받는 사람들이었다. 이들은 살아 있거나 죽었을 때 행복을 약속해 주는 무함마드의 가르침을 굳게 믿었다. 그러나 추종자들이 늘어나자, 메카의 부와 지위를 장악하고 있던 쿠라이쉬 부족에게 무함마드는 눈엣가시로 여겨졌다.

어쩌면 늘어나는 무함마드의 추종자들이 메카를 장악할 수 있었고, 이슬람의 유일신 사상으로 그들의 여러 신들을 공격할 수 있다고 생각하였기 때문이었다. 이렇게 되면 쿠라이쉬 부족의 정치력과 헌금으로 거두어들이는 막대한 이익은 줄어들 수밖에 없었다. 쿠라이쉬 부족은 무함마드의 추종자들을 박해하기 시작하였다.

결국 무함마드는 신도 80여 명을 기독교 국가인 아비시니아(현재의 에티오피아)로 피신시켰다. 하지만 쿠라이쉬 부족은 끝까지 따라와 아비시니아 왕에게 무슬림들은 기독교를 비방하는 사람들이므로 받아주지 말고 추방할 것을 부탁하였다.

하지만 무슬림들은 왕 앞에서 암기한 코란을 읊었고 예수를 신으로 받드는 것은 아니지만 성모 마리아와 함께 찬양하였다. 결국 왕은 무슬림들의 망명을 받아주었다.

한편 메카에 남아 있던 무함마드와 추종자들은 점점 가혹해지는 박해에 시달렸다. 그때 무함마드는 아내마저 세상을 떠나 더욱 고통스러웠다.

마침내 무함마드는 메카를 떠나기로 결심하였다. 그리고 70여 명의 신자와 함께 620년 7월 16일, 메카에서 북쪽으로 떨어진 메디나로 활동 무대를 옮겼다.

이 사건을 '헤지라Hegira'라고 하며, 이슬람교가 새로운 종교 공동체로 실생활에 실현되는 계기가 되었다. 이때를 이슬람력의 1월 1일로 정하였다.

한편 헤지라는 아랍어로 정치적·종교적 박해를 피해서 살고 있던 곳에서 다른 곳으로 이주하는 것을 일컫는 말이다.

1965년 7월 16일

프랑스와 이탈리아를 연결하는 몽블랑 터널 개통

알프스 산맥을 관통하여 프랑스와 이탈리아를 연결하는 몽블랑 터널은 길이가 11.5km나 된다. 이 터널은 1958년 착공되어 1965년 7월 16일에 개통되었다.

해발 3,000m가 넘는 알프스 산맥을 관통하기 때문에 유럽에서는 가장 높은 지역을 통과하는 터널이다.

1870년 프랑스의 건축가 드레피네가 처음 제안한 이 터널은 1961년에 와서야 프랑스와 이탈리아가 공동으로 착공하였다.

하지만 공사 도중 21명이나 되는 노동자가 사망하고, 노동자들의 파업으로 공사 기간이 1년 반이나 늦어지는 등 공사가 마무리되기까지 우여곡절이 많았다.

하지만 이 터널의 개통으로 프랑스에서 이탈리아로 가는 거리가 200km 가량 단축되었다.

이후 몽블랑 터널은 유럽의 전역을 관통하게 되면서 경제적 · 정치적으로도 많은 영향을 끼쳤다.

1977년 7월 16일

덩샤오핑, 부주석으로 복귀

실용주의를 주장한 덩샤오핑(鄧小平 : 1904~1997)은 마오쩌둥(毛澤東 : 1893~1976)과의 노선 갈등으로 1966년 문화대혁명 때 실각되었다.

1973년 부총리에 복권되었으나 1976년 저우언라이(周恩來 : 1898~1976)가 사망한 후 다시 실각되었다.

그러나 마오쩌둥의 추종자인 4인방(四人幫)이 화궈펑(華國鋒 : 1921~2008)을 중심으로 한 세력에 의해 물러나는 사건이 발생하였다. 이에 덩샤오핑은 1977년 7월 16일 베이징에서 열린 제10기 중국 공산당 중앙위원회 제3차 전체 회의에서 부주석으로 복귀하였다.

이후 덩샤오핑은 1981년 6월 29일 화궈펑 주석을 몰아내고 군사위원회 주석에 취임하였다.

* 1981년 6월 29일 '덩샤오핑, 중국 중앙군사위원회 주석에 선출' 참조

러시아의 마지막 황제 니콜라이 2세 처형

1917년 러시아에서 발생한 3월 혁명으로 니콜라이 2세(Aleksandrovich Nikolai Ⅱ : 1868~1918)가 퇴위하면서 제정 러시아는 무너졌다. 이에 황제와 그 일가는 찰스코의 궁전에 연금되었다.

이후 1년여 동안 연금 생활을 전전하던 황제 가족과 주치의, 하인 등 11명은 이듬해인 1918년 7월 16일 새벽 예카테린부르크의 지하실로 끌려갔다.

총소리가 시작되었고 황제와 황후가 쓰러졌다. 황태자 알렉세이도 총상을 입고 의자에서 굴러 떨어졌다.

보석이 박힌 드레스 탓에 첫 총격에서 치명상을 입지 않았던 공주들은 대검에 찔리거나 개머리판에 머리를 맞았다.

처형실로 변해 버린 지하실에는 탄환 연기가 가득하였다. 이로써 제정 러시아는 완전히 역사 속으로 사라져 버렸다.

*** 1917년 3월 15일 '러시아 3월 혁명으로 니콜라이 2세 퇴위' 참조**

7월 17일

1936년 7월 17일

스페인 내전이 시작되다

조던은 엎드려 있었다. 그는 손을 떨지 않으려고 아주 조심스럽고 섬세하게 자신을 가누고 있었다. 장교가 바깥쪽 나무들이 녹색 비탈과 만나는 볕이 든 곳에 오기까지 기다렸다. 그는 심장이 숲의 솔잎 바닥에서 고동치는 것을 느낄 수 있었다.

-헤밍웨이,『누구를 위하여 종은 울리나』

미국의 소설가 어니스트 헤밍웨이(Ernest Miller Hemingway : 1899~1961)가 쓴 『누구를 위하여 종은 울리나』는 스페인 내전에 자원한 로버트 조던이라는 미국인이 프랑코에 반대하는 게릴라 부대에 참가하여 자신의 신념을 위해 싸우는 모습을 그리고 있다.

1931년 4월 지방의회 선거에서 공화파가 승리하면서 공화혁명이 이루어지자 스페인 부르봉 왕조의 마지막 국왕인 알폰소 13세(Alfonso XIII : 1886~1941)는 프랑스로 망명하였다.

공화제가 실시되자 노동자, 교육받은 중산층을 중심으로 이루어진 공화파가 스페인의 새로운 주인이 되었고, 전통적으로 권력을 가지고 있던 군부와 성직자, 기업가, 토지 소유 계급은 소외되었다. 1936년에는 공산주의자들이 선거에서 승리를 거두기도 하였다.

여기에 불만을 품은 일부 장교들은 1936년 7월 17일 모로코에서 쿠데타를 일으켰고 이를 계기로 전국 각지에서 군부 반란이 일어났다.

군부의 프란시스코 프랑코(Francisco Franco : 1892~1975)를 비롯한 파시스트적인 국가주의자들은 독일과 이탈리아로부터 군사 원조를 제공받았고, 공화파는 독일의 재무장을 우려한 소련의 지원을 받았다. 영국과 프랑스는 중립을 지켰다.

프랑코는 그해 10월 정부 주석에 올랐고, 공화국 정부는 사회주의자인 프란시스코 라르고 카바예로(Francisco Largo Caballero : 1869~1946)가 이끌었다.

처음에 군부는 쿠데타를 통해 단기간에 공화국 정부를 몰아내려고 했다. 그러나 노동자와 농민의 반발로 내전은 장기화되었고, 결국 1939년 3월에 가서야 마드리드를 함락한 프랑코의 승리로 돌아갔다. 프랑코는 이후 스페인의 총통이 되어 1975년 사망할 때까지 1인 독재를 휘

둘렀다.

　내전 기간 동안 10만 명 이상의 전사자가 발생하였다. 이외에 공화국 측이 일으킨 처형과 보복 살인이 2만 명, 반란군 측은 30만 명 이상을 처형 또는 대량 살인하였다.

　당시 공화국 정부와 반란군인 프랑코파 양측 모두 세계 각국의 지원을 받았다.

　유럽 전역을 포함한 세계 53개 국가에서 아나키즘, 사회민주주의, 공산주의, 극좌파, 자유주의를 아우르는 다양한 이념을 가진 이들 3만여 명이 스페인의 '민주공화국'을 지원하기 위해 모여들었다. 이들은 국제 여단이라 불렸으며 스페인 내전을 파시즘을 저지하기 위한 최전방으로 여겼다.

　반면에 프랑코파 측은 히틀러의 나치 독일과 무솔리니의 이탈리아로부터 절대적인 지원을 받았다.

　스페인 내전이 자국 내 충돌이 아니라 유럽 각국의 대리전 양상을 띠게 된 것이었다. 이에 따라 스페인 내전은 닥쳐올 제2차 세계 대전의 전주곡이 되었다.

＊ 1939년 9월 1일 '독일의 폴란드 침공으로 제2차 세계대전이 발발하다' 참조

미국, 디즈니랜드 개장

"이 세계(미국)가 디즈니랜드라는 것을 감추기 위해 디즈니랜드가 있다."

-장 보드리야르, 프랑스 철학자

미국의 만화영화 제작자 월트 디즈니(Walter Elias Disney : 1901~1966)는 1955년 7월 17일 캘리포니아 주 애너하임에 디즈니랜드를 개장하였다.

개장 초반에 디즈니랜드는 다섯 구역으로 나뉘었다. 20세기 초반 미국을 재현한 미합중국 메인 스트리트, 정글의 모험을 형상화한 어드벤처 랜드, 서부 개척 시대를 묘사한 프론티어 랜드, 환상의 세계를 묘사한 판타지 랜드, 미래 세계를 상상한 투모로 랜드 등이었다.

이후 1890년대 미국을 재현한 '메인 스트리트 USA'를 중심으로 7개 테마파크로 나누었다.

어린이에게는 꿈과 모험과 미래를 안겨 주고, 어른들에게는 지난날의 향수와 동심의 세계를 선사해 온 이곳은 오늘날까지도 대표적인 명소로 꼽히고 있다.

이후 디즈니랜드를 모방한 일본의 도쿄 디즈니랜드와 프랑스의 유로 디즈니랜드가 건립되었다.

디즈니랜드는 연간 1,000만 명이 넘는 방문객을 맞고 있으며, 동시에 미국적 문화를 전 세계에 알리는 역할도 하고 있다.

1975년 7월 17일

미국의 아폴로 18호와
소련의 소유즈 19호 도킹 성공

1975년 7월 17일, 포르투갈 서쪽 대서양 997km 상공 지구궤도에서 미국의 아폴로 18호Apollo 18와 소련의 소유즈 19호Soyuz 19가 도킹에 성공하였다. 사상 최초의 국제적인 우주선 도킹이었다.

이 계획은 아폴로-소유즈 시험 계획(ASTP : Apollo-Soyuz Test Project)의 일환이었다.

아폴로호에는 토마스 스태포드(Thomas Patten Stafford : 1930~) 선장과 2명의 비행사, 소유즈호에는 알렉세이 레오노프(Aleksey Arkhipovich Leonov : 1934~) 선장과 2명의 비행사가 타고 있었다.

도킹 3시간 후 아폴로호의 패치가 열리자, 스태포드 선장을 포함한 2명의 비행사가 기내를 유영하면서 소유즈호에 옮겨 탔다. 우주 비행사들은 서로 우주선을 방문하거나 식사를 함께 하고 공동으로 실험을 하였다.

소유즈호는 7월 21일 소련에 착륙하고, 아폴로호는 7월 24일 하와이 근처에 안전하게 귀환하였다. 이후 우주개발이 경쟁의 시대에서 협력의 시대로 접어드는 계기가 되었다.

7월 18일

—

1925년 7월 18일

히틀러, 『나의 투쟁』을 출간하다

—

대중은 작은 거짓말보다는 큰 거짓말에 더 쉽게 속는 법이다.

-히틀러, 『나의 투쟁』

1923년 11월 8일, 아돌프 히틀러(Adolf Hitler : 1889~1945)는 나치 돌격대원 300여 명과 함께 뮌헨의 맥주홀 뷔르거브로이하우스에 난입하였다. 이윽고 그는 총을 쏘고는 큰 소리로 "혁명은 시작됐다."고 외치며 맥주홀을 아수라장으로 만들었다.

당시 히틀러는 바이에른 분리주의자 카를(Karl : 1862~1934) 통감을 제거하려 하였으나, 오히려 이틀 뒤 그에게 체포되었다. 그는 바이에른 감옥에 수감되었다.

히틀러는 반역죄로 5년 금고형을 선고받았다. 하지만 이 일은 오히려 자신의 정치적 입지를 강화하고 뒤죽박죽이던 세계관을 정리할 수 있는 계기가 되었다. 그는 반反유대인주의와 반反마르크스주의의 논리를 가다듬었다.

1924년 12월 출소했을 때 이미 국민적 영웅으로 떠오른 히틀러는 자신의 생각을 비서 루돌프 헤스(Rudolf Hess : 1894~1987)에게 받아 적게 하였다.

거기에는 오스트리아 말단 세관원의 아들로 태어나 성장한 히틀러의 모든 것이 담겨 있었다. 고난의 유년시기를 거쳐 정치적 이념에 크게 영향 받으며 자란 청년기, 자신의 세계관을 펼치며 격렬한 투쟁을 벌였던 전성기까지의 파란만장한 일대기였다.

그는 이때 아리안족은 천재 민족으로, 유대인은 기생동물로 묘사하였다. 슬라브인과 러시아의 마르크스주의자들을 희생시켜서라도 동유럽에 아리아인의 생존 공간을 만들어야 한다고 역설하였고, 프랑스에 대한 복수도 결심하였다.

드디어 히틀러는 1925년 7월 18일, 자서전 『나의 투쟁Mein Kampf』 제1권을 출간하였다. 원래 제목은 '허위, 우열, 비겁에 대한 4년간의 투쟁'

『나의 투쟁』 표지

이었으나 강렬한 인상을 주자는 출판사 사장의 권유로 제목을 바꿨다.

연말까지 팔린 책은 1만여 권에 불과했지만 히틀러가 권력을 장악하고 나서 『나의 투쟁』을 독일 국가사회주의의 바이블로 삼은 뒤부터는 거의 2,000만 부나 팔려 나갔다.

히틀러의 선동은 반유대주의자·반마르크스주의자·군부 등 독일 내 불만 세력들을 사로잡았고 전 세계는 한 인간의 잘못된 역사 인식과 광기로 인해 인류 역사상 가장 끔찍한 전쟁의 참화에 휘말렸다.

나치의 패망 이후 독일의 바이에른 주는 이 책의 저작권을 확보해 출간을 금지시켰다. 그러나 세계 각지에서 해적판이 버젓이 유통되고 있는 것이 현실이다. 게다가 2015년이 되면 저작권 시효가 만료되어 출판이 자유로워진다.

* 1934년 8월 2일 '아돌프 히틀러, 독일 총통에 취임하다' 참조

1976년 7월 18일

루마니아의 체조 선수 코마네치, 사상 첫 10점 만점 연기를 펼치다

"고된 훈련 덕분에 쉬웠다. 그게 나의 비결이다. 그래서 나는 승리했다."

루마니아의 체조 선수 코마네치는 7차례나 10점 연기를 펼치며 체조의 신화를 낳았다.

1976년 7월 18일 캐나다 몬트리올 올림픽 체조 경기장. 앳된 한 작은 소녀가 자신의 키보다 훨씬 높은 2단 평행봉 앞에 서 있었다. 하얀 얼굴의 가녀린 소녀는 숨을 크게 한 번 내쉬더니 평행봉으로 뛰어올랐다.

소녀는 꽃을 찾아 헤매는 한 마리 나비처럼 평행봉 사이를 이리저리 날아다녔다. 인간의 몸에서 어떻게 저런 몸짓이 나오는지 모를 지경이었다. 심판들은 무용을 보는 듯한 착각을 일으켰다고 한다. 연기가 끝나자 소녀는 가쁜 숨을 몰아쉬었다.

키 153cm, 몸무게 39kg의 작은 요정은 루마니아의 체조 선수 나디아 코마네치(Nadia Elena Comâneci : 1961~)였다. 심판들은 깜빡 무언가 잊었었다는 듯이 점수를 매겼고 관중석은 술렁이기 시작하였다.

점수가 발표되었다. 전광판에는 '1.00'이라는 숫자가 새겨졌다. 관중석에서 잠시 소란이 일어났고, 심판들은 심각한 얼굴을 하고 있었다. 소녀의 얼굴은 더욱 하얗게 되었다.

경기장에서 안내 방송이 나왔다. 점수는 '10.0'이었다. 그때까지 체조에서 10.0 만점은 불가능한 숫자로 여겨졌기 때문에 전광판에 표시할 수 있는 숫자가 최대 9.99점이었고, 이 때문에 '1.00'이라고 표시된 것이었다.

이 대회에서 코마네치는 무려 7차례나 10점 만점을 받았고 3개의 금메달을 획득하였다. 인간이 상상할 수 있는 신의 영역을 한 작은 소녀가 해낸 것이었다.

1980년 제22회 모스크바 올림픽 대회에서도 그녀는 2관왕에 올랐다.

1870년 7월 18일

바티칸 공회, 교황무류설 선언

1870년 7월 18일에 열린 제1차 바티칸 공회에서 교황무류설敎皇無謬說이 주장되었다. 이는 교황이 신앙과 도덕에 관한 교리를 선포하면 그 내용은 절대로 틀림이 없다는 이론이었다. 교황무류권無謬權으로도 불린다.

사실상 교황무류성敎皇無謬性의 사상 자체는 초대교회 때부터 내려온 유서 깊은 전통이었다. 하지만 정식 교리로서 인정받은 것은 이때부터였다.

하지만 교황무류성이라고 해서 결코 교황의 모든 발언이 그릇됨이 없다는 것은 아니다. 신앙과 윤리와 관련된 문제에 한해서 교황좌에서 엄숙하게 확정적 행위로 선언할 때에만 무류성이 성립한다. 또한, 교황좌에서의 선언일지라도 성경에 나타난 교회의 전통적인 가르침과는 모순되지 말아야 한다.

따라서 교황무류설은 교황은 무류한 존재라는 표현이라기보다는 교황의 교도권 행사는 일정한 조건을 따를 때 무류성을 지닌다는 표현이 옳다.

하지만 일각에서는 교황무류설은 전혀 성서적 근거가 없다는 주장을 제기하기도 하였다.

7월 19일

1870년 7월 19일

보불전쟁이 발발하다

보불전쟁普佛戰爭은 프로이센과 프랑스 간에 벌어진 전쟁을 짧게 부르는 말이다. 에스파냐 국왕의 선출 문제를 두고 프로이센과 프랑스가 갈등을 빚은 것이 원인이 되었다.

1870년 프랑스의 나폴레옹 3세는 선전포고를 했지만, 예상과는 달리 프로이센은 승전을 거듭하였다.

프로이센군은 1871년 1월 28일 독일 제국을 선포하고 파리까지 진격해 함락시켰다. 결국 나폴레옹 3세는 항복하였고 독일은 엄청난 보상금을 받아냈다.

1870년 7월 19일 독일 제국을 형성하려는 프로이센 수상 오토 폰 비스마르크(Otto Eduard Leopold von Bismarck : 1815~1898)와 이를 저지하려는 프랑스 황제 나폴레옹 3세(Charles Louis Napoleon Bonaparte : 1808~1873) 사이에 전쟁이 발발하였다. 일명 보불전쟁이라고 한다.

전쟁의 발단은 엠스 전보 사건이었다. 당시 프로이센과 프랑스는 스페인 국왕 선출을 둘러싸고 갈등을 겪었다. 비스마르크가 프로이센의 왕족인 레오폴트 공을 스페인 국왕 후보로 내세우자 프랑스는 이에 강력히 반발하였다.

프랑스 대사 베네데티는 엠스 온천장에서 휴양하던 프로이센 왕 빌헬름 1세(Wilhelm I : 1797~1888)를 찾아가 철회를 요구하였고, 빌헬름 1세는 그러겠다고 약속하였다.

이 내용을 전보로 전달받은 비스마르크는 그러나 빌헬름 1세가 분노했다는 식으로 내용을 고쳐 언론에 발표하였다. 이에 프로이센 국민들은 프랑스를 향한 전쟁의 목소리를 높였다. 프랑스에서도 개전의 여론이 높아졌다. 독일 제국의 통일을 염두에 두었던 비스마르크는 프랑스를 자극하는 수단으로 이를 이용하였던 것이다.

이에 나폴레옹 3세는 프로이센을 격파함으로써 황제의 명예를 회복하려 했다. 반면 비스마르크 수상은 남독일 국가들을 끌어들여 프로이센을 중심으로 하는 강력한 독일 제국을 형성하려고 하였다.

마침내 나폴레옹 3세는 프로이센을 상대로 선전포고를 하였다.

하지만 헬무트 폰 몰트케 장군이 지휘한 프로이센은 북독일과 남독일 제국의 지지를 얻어 4주 만에 바젠 장군이 지휘하는 프랑스 야전군을 무찔렀다. 전쟁은 독일군에게 유리하게 전개되었다.

그 후 나폴레옹 3세까지 가담하여 프랑스의 주력부대가 바젠 구출

작전을 펼쳤지만 실패하였다. 마침내 9월 2일 프랑스 군대는 프로이센에게 무릎을 꿇어야 했다. 10월 27일에는 메츠가 함락되고 1871년 1월 28일에는 파리마저 함락되었다.

마침내 프로이센의 왕 빌헬름 1세가 베르사유 궁전에서 독일 제국 황제로 선포됨으로써 비스마르크는 대성공을 거두었고, 프로이센의 독일 지배는 확고해졌다.

그리고 보불전쟁의 결과로 2월 26일에는 평화조약이, 5월 10일에는 프랑크푸르트에서 강화조약이 체결되어 프랑스는 50억 프랑이나 되는 전쟁배상금을 독일에게 지불해야 했고, 알자스-로렌 지방도 넘겨줘야 하였다.

이 전쟁 후 독일과 프랑스는 제2차 세계 대전 종전 직후까지 적대적인 사이가 되었다.

1834년 7월 19일

프랑스 화가 드가 태어나다

"자기가 하는 것에 대해서가 아니라, 언젠가 해야 할 것에 대해 높은 생각을 가져야 한다. 그게 없으면 일할 필요가 없다."

드가는 70세를 넘긴 나이였음에도 관습에서 벗어난 표현 양식과 새로운 기법을 발견하고자 하는 충동을 강하게 느끼고 있었다.

에드가 드가(Edgar Degas : 1834~1917)는 1834년 7월 19일 프랑스 파리에서 은행가의 아들로 태어났다. 본명은 본명 일레르 제르맹 에드가르 드가Hilaire Germain Edgar De Gas이다.

드가는 아버지의 뜻에 따라 20세 때인 1853년에 법과대학에 들어갔다. 그러나 어릴 적부터 간직해 오던 미술에 대한 꿈을 포기할 수가 없었다. 그는 루브르 박물관을 찾아가 르네상스 이전 화가들의 작품을 그리는 데 몰두하였다.

결국 법률 공부를 계속할 수 없다고 아버지에게 고백하고, 1855년에 '에콜 데 보자'라는 미술학교에 들어갔다.

"좋아. 절대 자연을 보고 모방해서 그리지 말게. 언제나 기억에 의존해서 그림을 그리고 거장들의 판화를 모사하게."

드가는 고전파 화가 장 오귀스트 도미니크 앵그르(Jean Auguste Dominique Ingres : 1780~1867)의 충고를 들은 후 박물관이나 도서관의 인쇄실 등을 들락거리면서 모사화와 가족들의 초상화를 그렸다.

드가는 앵그르나 그 제자인 라모트에게 고전파의 화법을 배웠고, 1856년에는 이탈리아로 유학을 떠났다. 한때 법률가 아들을 바랐던 아버지 오귀스트는 이탈리아에서 보내오는 아들의 그림을 보고 많은 격려를 해 주었다.

"그림이 굉장히 좋아졌구나. 그림에 힘이 있고 색채가 사실적이야. 회색으로 무겁게 가라앉은 라모트의 무기력함에서 벗어난 느낌이다. 사랑하는 아들아, 공연히 너 자신을 괴롭히지 말아라. 넌 아주 잘하고 있다."

「**무대 위의 무희**」

드가는 1859년 귀국하여 역사화나 풍속화를 그렸다. 그리고 1874년부터 인상파전에 그림을 출품하기 시작하였다.

1886년까지 모두 7차례나 그림을 발표하였지만 드가를 본격적인 인상파 화가라고 할 수는 없다. 물체를 에워싸는 빛과 색채를 통해 그림을 그리는 인상주의 화법을 그대로 따랐다기보다는 오히려 엄격한 사실주의 정신을 끝까지 지켜 나갔기 때문이다.

드가는 집안이 기울면서 개인주의적인 성격으로 변해갔고 전람회에도 거의 발표를 하지 않았다. 그가 가끔 작품을 발표할 때는 신문에 대서특필될 정도였다. 하지만 "내가 죽으면 내가 얼마나 열심히 작업을 했는지 알게 될 거야."라고 종종 말하곤 하였다.

드가는 파리의 근대적인 생활에서 소재를 찾아 순간적인 동작과 인물들의 예기치 않은 움직임을 크로키하듯이 포착해 내곤 하였다.

드가는 말년에 눈병을 앓아 거의 실명에 이르렀지만 그림뿐만 아니라 조각까지도 해냈다. 그러나 사람들을 만나기 싫어했던 성격으로 인해 평생을 고독하게 보내야 했다.

그의 작품들로는 「벨렐리 가족의 초상」(1860)·「오페라 극장의 무용 교습」(1872)·「무대 위의 발레 리허설」(1874)·「무대 위의 무희」(1877)·「욕조」(1886) 등이 있다.

1980년 7월 19일

제22회 모스크바 올림픽 개막

1980년 7월 19일 제22회 모스크바 올림픽 대회가 소련 레닌 스타디움에서 개최되었다. 이 대회는 1896년 근대 올림픽 경기가 시작된 이래 사상 최초로 공산권에서 개최되는 대회였다.

하지만 미국이 소련의 아프가니스탄 침공을 비판하며 올림픽 참가를 포기하자 이에 서방국가들이 동참하였다.

그래서 1952년 핀란드 헬싱키 올림픽 이후 가장 적은 81개국 선수 5,326명만이 출전하는 최악의 대회로 전락하고 말았다.

소련의 레오니트 브레즈네프(Leonid Il'ich Brezhnev : 1906~1982) 서기장은 올림픽에 참석한 선수들과 관람객들을 통제하기 위해 레닌 스타디움 주위를 경찰과 군인들로 벽을 쌓은 뒤 개막을 선언, 동서 냉전을 다시 한 번 상기시켰다.

소련의 체조 선수 알렉산더 디티아틴은 금메달 3개, 은메달 4개, 동메달 1개를 얻어 8개의 메달을 획득하여 화제가 되었다.

이 올림픽은 630개의 메달 중 195개, 127개의 금메달 중 80개를 차지한 소련이 우승하였다.

모스크바 올림픽은 8월 3일에 폐막하였다.

7월 20일

1969년 7월 20일

미국의 아폴로 11호, 인류 최초로 달에 착륙하다

미국 동부 표준 시간으로 22시 56분 20초. 고요의 바다에 왼발부터 내디딘 암스트롱 선장은 이렇게 외쳤다.

"한 사람의 인간에게는 작은 한 걸음이지만 인류에게는 커다란 비약이다."

이 말은 순식간에 지구에 중계되었고, 세계 방방곡곡으로 동시에 전해졌다.

"1960년대가 끝나기 전까지 달에 인간을 착륙시켰다가 무사히 지구로 돌아오게 하겠습니다. 미국은 이 목적을 이루기 위해 준비해야 합니다."

소련의 유리 가가린(Yurii Alekseevich Gagarin : 1934~1968)이 인류 최초의 우주 비행에 성공한 지 1개월 후인 1961년 5월, 미국의 케네디(John Fitzgerald Kennedy : 1917~1963) 대통령은 의회에 미국에 의한 인류의 달 착륙 계획을 보고하였다.

우주 계획에서 소련에 선두를 빼앗긴 미국의 자존심을 회복하기 위하여 그리고 자본주의의 우월성을 증명하기 위하여 미국의 대통령이 최후의 카드를 꺼내 든 것이다.

유인 달 탐사를 위한 아폴로 계획Apollo Project이 구체적인 연구와 실험에 들어갔다. 1967년에 우주선 안에서 화재가 발생해 3명이 희생되기도 하였지만 계획은 꾸준히 진행되었다.

아폴로 8호는 우주인 3명을 태우고 달을 한 바퀴 돌아 달 착륙의 가능성을 입증하였다. 그리고 9호를 발사하여 착륙선과 모선의 도킹 연습을 하였고, 10호는 모선에서 떨어진 착륙선이 달 표면 15km 지점까지 접근하는 데 성공하였다. 달 착륙을 위한 모든 실험이 끝난 것이다.

아폴로 11호는 1969년 7월 16일 예정대로 발사되었고, 20일에 달 표면에 도착하였다. 선장 닐 암스트롱(Neil Alden Armstrong : 1930~)이 먼저 내리고 버즈 올드린(Buzz Aldrin : 1930~)이 따라 내렸다.

이들은 두 시간가량 달 표면에서 돌과 모래를 채취하고 지진계 등을 설치한 뒤 달 착륙선으로 돌아왔다. 그리고 달의 둘레를 돌고 있던 모선과 도킹한 뒤, 착륙선은 버리고 지구로 돌아왔다.

이후 미국은 계속 아폴로 계획을 추진하여, 생쥐 20마리가 세 우주인과

동행했던 아폴로 17호까지 모두 6번이나 달 표면을 밟는 영광을 누렸다.

하지만 닐 암스트롱과 버즈 올드린의 달 착륙이 조작되었다고 주장하는 이야기가 종종 언론 매체를 통해 흘러나오고 있다.

1999년 갤럽 조사에 따르면 미국 성인의 6%가 달 착륙을 의심하고 있었다. 그리고 2001년 2월에 폭스 방송사에서 방송한 「음모론 : 우리는 달에 내렸는가?」가 방영된 이후 미국인의 20%가 달 착륙을 의심한다는 통계가 나오기도 했다.

음모론의 요지는 소련과 우주 경쟁에서 이긴 것처럼 보이기 위해, 미국 정부가 디즈니사에 부탁해 비밀 군사기지에서 달 착륙을 사실인 것처럼 촬영하였다는 것이다.

또한 음모론의 과학적 근거의 하나로 "달에 남겨진 탐사차와 성조기, 1968년 이글호가 달을 떠날 때 남겨 놓은 사다리가 어디 있는가?"를 들 수 있다. 대기가 없는 달에서 이것들이 녹슬 수는 없는 것이고, 바람이 없기 때문에 먼지로 뒤덮일 수도 없다. 1990년과 1992년에 갈릴레오 우주선이 달을 지나면서 찍은 많은 사진 중에도 이들은 보이지 않는다.

하지만 이런 궁금증은 과학적 상식의 부족과 지구와 달의 환경 차이를 이해하지 못한 것에서 나온 의문으로 보는 것이 일반적인 견해이다. 달은 지구에서 38만km 떨어졌기 때문에 망원경으로 관측해도, 망원경의 분해능에 한계가 있기 때문에 달에 남겨진 흔적은 찍히지 않는다. 또한 달은 지구의 1/4 정도로 크다. 따라서 갈릴레오 우주선은 달의 이면 한 부분만을 촬영하였기 때문에 남겨 놓은 흔적들을 찍을 수 없었던 것이다.

결국 2009년 7월 음모론을 일축하고자 미 항공 우주국NASA은 달 관측 위성LRO이 찍은 탐사장비뿐만이 아니라 월면차와 우주 비행사가 남기고 온 기념품 사진을 공개하였다.

* 1961년 4월 12일 '소련, 첫 유인 우주선 보스토크 1호 발사' 참조
* 1961년 5월 25일 '미국의 케네디 대통령, 아폴로 계획을 선포하다' 참조

1973년 7월 20일

무술배우 리 샤오룽, 돌연 요절하다

브루스 리Bruce Lee, 리 샤오룽(李小龍 : 1940~1973)이 1973년 7월 20일 영화 「사망유희」를 촬영 도중 갑자기 사망하였다.

워낙 갑작스러운 죽음이라 일각에서는 영화계 흑막에 의한 암살, 뇌수종 · 가슴 통증 때문에 마셨던 진통제에 의한 거부 반응, 돌연사 등이 사망 원인으로 거론되기도 하였다.

리 샤오룽은 미국 샌프란시스코에서 태어났다. 그는 영화배우가 되어 그때까지 미국 영화에서는 볼 수 없었던 뛰어난 액션으로 미 영화계에 센세이션을 불러 일으켰다.

이후 리 샤오룽은 홍콩을 중심으로 동남아시아에서 활동하였으며, 1971년 홍콩 골든하베스타사社가 제작한 「당산대형唐山大兄」에 출연하면서 큰 인기를 끌었다.

이후 「정무문」 「용쟁호투」 「맹룡과강」 등의 영화를 통해 중국인의 강한 이미지를 서양인들에게 심어 주었다. 실전 무술인 '절권도'를 창시하기도 하였다.

한편 그가 사망한 지 20년이 지난 1993년에는 아들 브랜든 리

(Brandon Lee : 1965~1993)가 영화 촬영 도중 총기 사고로 사망하였다.

1976년 7월 20일

무인 우주선 바이킹 1호 화성 착륙

1975년 8월 20일 무인 우주선 바이킹 1호가 미국 케네디 우주기지를 출발하였다. 그리고 11개월간의 비행 끝에 1976년 7월 20일, 화성 크리세 플래니티아(황금의 땅)에 연착륙하는 데 성공하였다.

바이킹 1호는 착륙 25초 후부터 화성 표면 사진 촬영에 들어갔고 19분 만에 지구로 첫 신호를 보냈다. 사진에 나타난 화성 풍경은 기대와는 달리 돌이 뒹구는 황량한 들판과 핑크색을 띠는 하늘이었다. 오랫동안 수수께끼로 남아있던 화성의 신비가 풀리는 순간이었다.

화성은 오래전부터 생명체의 존재 가능성이 가장 높은 별로 추측되었다. 그래서 화성의 흙을 분석하고, 기후 조건 및 주위 환경을 조사하기 위해 약 1년 전 2대의 무인탐사기를 쏘아 올렸던 것이다.

화성 착륙 후에 주변 풍경 관찰과 기상 관측, 그리고 대기와 토양 분석 등의 조사가 이루어졌지만, 생명 활동의 존재를 나타내는 증거는 찾을 수 없었다. 토양 분석 결과, 희박하게나마 수분을 포함하고 있다는 것과 생명체의 4대 요소인 질소 · 산소 · 수소 · 탄소가 있다는 사실이 판명되었을 뿐이었다.

이어 약 1개월 후 발사된 바이킹 2호도 9월 3일에 북반구의 유토피아 평원에 무사히 착륙하였다. 하지만 역시 갈색의 돌과 바위덩어리가 뒹굴고 있는 들판만을 관찰할 수 있었다.

바이킹 계획의 성공으로 지구에 보내진 방대한 사진과 데이터가 화성의 지도 작성과 지질학, 기상학 등의 연구에 크게 공헌하였다.

*** 2003년 6월 10일 '미 항공 우주국, 화성 탐사선 스피릿 로버 발사' 참조**

1933년 7월 20일

현대 건축의 산실 바우하우스 폐교

바우하우스Bauhaus는 독일의 건축가 발터 그로피우스(Walter Adolph Georg Gropius : 1883~1969)가 1919년 4월 25일 바이마르에 설립한 미술 공예 학교이다. 20세기 디자인에 가장 큰 흐름을 이끈 학교로 평가받고 있다.

바우하우스는 근대 기술의 사회적 가치를 받아들여 당시 지나치게 감정적으로 나타나는 디자인의 방향을 좀 더 건축적이고 기능적인 면으로 발전시키려고 하였다. 이론 교육과 실습 교육을 같이 하였으며, 예술과 기술을 종합하려 하였다.

하지만 자유분방한 학생들의 모습을 이해 못한 바이마르 시민들의 항의로 결국 바우하우스는 1925년 데나우로 옮겨야만 하였다.

그마저도 독일 나치스가 폐쇄하는 바람에 결국 1933년 7월 20일 바우하우스는 폐교를 단행하였다.

이후 바우하우스의 정신은 미국의 현대 건축으로 이어졌다.

*** 1919년 4월 25일 '독일 미술 공예 학교, 바우하우스 개관' 참조**

7월 21일

1994년 7월 21일

토니 블레어, 영국 노동당 최연소 당수로 선출되다

"영국과 미국의 공격은 단순히 오사마 빈 라덴을 제거하는 것이 아니라 탈레반 정권을 축출하고 아프가니스탄의 여러 부족이 참여하는 과도정부를 구성하는 것입니다. 이번 공격은 단기간에 끝나지 않을 것입니다."

-토니 블레어, 미국과 영국의 공습이 시작된 후 긴급 소집된 의회 연설

　　1994년 7월 21일 영국 제1야당인 노동당은 변호사 출신의 토니 블레어(Anthony Charles Lynton Blair : 1953~)를 새 당수로 선출하였다. 당시 블레어의 나이는 41세로, 영국 노동당 역사상 최연소 당수가 탄생하는 순간이었다.

　　블레어는 1953년 에든버러의 중산층 가정에서 태어났다. 그는 스코틀랜드의 사립학교에서 교육을 받았으며 옥스퍼드 대학교에서 법학을 전공하였다.

　　1975년 런던의 한 법률회사에 들어갔고, 거기에서 만난 좌파 운동가 집안 출신의 동료 변호사 셰리 부스와 결혼하면서 노동당에 가입하였다.

　　1983년 총선에서 당선된 후 그는 당시 야당인 노동당의 예비 내각에서 내무, 법무, 에너지, 노동 장관을 거치며 두각을 나타냈다. 그는 국유화 정책을 포기하고 분배뿐 아니라 성장도 추구해야 한다고 주장하여 노동당 내에서 우파적인 성향을 띤 인물로 평가받았다.

　　그러던 1994년 5월 존 스미스 노동당 당수가 심장마비로 갑자기 숨지자 블레어는 노동당 당수 경선에 입후보하였다. 그리고 7월 21일 노동당 의원 및 소속 당원들의 투표에서 57%를 얻어 다른 후보를 압도적인 표차로 물리치고 당선되었다.

　　노동당이 집권하려면 전통적인 좌파 노선에서 벗어나야 한다는 그의 주장이 통한 것이었다.

　　이후 노동당은 1997년 5월 총선에서 압승하며 18년간의 보수당 장기 집권을 끝냈다. 블레어는 20세기 최연소 영국 총리의 기록을 세웠다.

　　'영국의 케네디'라는 별명이 붙은 블레어는 집권 초기, 친親기업 정책으로 경제 성장률을 유럽 최고 수준으로 높였다. 영국의 오랜 골칫거리였던 북아일랜드 분쟁도 해결함으로써 그의 지지율은 83%까지 치솟았다.

블레어는 자신의 이념을 '제3의 길'이라고 소개하였다. 영국의 사회학자 앤서니 기든스(Anthony Giddens : 1938~)가 처음 주창한 제3의 길은 블레어가 현실 정치에 접목하면서 좌와 우를 넘어서는 새로운 정치 · 경제 철학으로 세계적인 주목을 받았다.

2001년 총선에서 노동당이 또다시 이김으로써 블레어의 두 번째 총리 임기가 시작되었다.

하지만 2003년 3월 여론의 반대를 물리치고 미국의 이라크 침공에 동참하면서 블레어의 몰락이 시작되었다. 미국에 대한 저자세를 취한다는 비판과 함께 그에게 '부시의 푸들'이라는 별명이 붙었다.

블레어는 정치적 타격을 입었다. 노동당은 2005년 총선에서도 승리해 집권 3기를 이어 나갔지만 2006년 지방선거에서 참패함으로써 블레어는 마지막 정치적 힘을 잃었다.

결국 그는 이듬해 6월 엘리자베스 2세(Elizabeth II: 1926~) 여왕에게 사직서를 제출함으로써 10년 만에 총리직에서 물러났다.

1588년 7월 21일

스페인 무적함대, 영국 함대와 해전을 벌이다

스페인의 시도니아 공작은 영국이 소형선을 보내 화공火攻을 펼칠 것으로 생각하였다. 그는 소형선을 함대 앞에 배치해 화공이 벌어지면 충돌하라고 명령하였다. 그러나 영국 함대는 대형선을 보내 화공을 폈다.

스페인의 무적함대는 스페인 라코루냐를 출항하였다. 도중에 영국 함대를 만나 도버 해협에서 해상전을 벌였다. 1588년 7월 21일의 일이었다.

그 해전은 두 나라의 운명을 바꾸어 놓았다. 스페인의 무적함대는 2배가 넘는 전함을 거느리고 있었지만 영국 함대를 이길 수 없었다.

영국이 스페인의 무적함대를 무찌를 수 있었던 것은 영국 함대 사령관 드레이크의 화선火船을 이용한 뛰어난 전술과 작지만 기동력이 뛰어난 전함 그리고 사정 길이가 긴 함포에 있었다.

특히 화약을 배에 잔뜩 싣고 쳐들어오는 영국의 작전에 스페인 함대는 여지없이 무너졌다.

이 해전의 결과, 스페인의 펠리페 2세(Felipe II : 1527~1598)가 구상한 영국 원정은 실패로 돌아갔다. 반면에 영국은 엘리자베스(Elizabeth I : 1533~1603) 여왕이 다스리는 절대왕정 시대에서 가장 찬란한 시기를 보낼 수 있었다.

스페인의 해상 무역권은 영국으로 넘어왔고, 영국의 프로테스탄티즘은 유럽 대륙의 종교 반란 속에서 살아남게 되었다.

그리고 스페인과 전쟁을 벌이고 있던 네덜란드가 독립하는 계기가 되었다.

* 1588년 5월 30일 '스페인 무적함대의 마지막 배가 영국 해협을 향해 출항하다' 참조

1960년 7월 21일

실론의 시리마보, 세계 첫 여성 총리 취임

1960년 7월 21일 인도양에 있는 섬나라 실론의 시리마보 반다라나이케(Sirimavo Bandaranaike : 1916~2000)가 세계 최초의 여성 총리로 취임하였다.

시리마보는 실론 인구의 약 70%를 차지하는 신하리 족 출신으로, 영국 옥스퍼드 대학교에서 법학을 전공하였다.

그녀는 실론이 영국에게서 독립한 1947년부터 통일국민당 소속으로 정치 활동을 시작하였다.

시리마보는 1959년 9월에 암살된 솔로몬 반다라나이케 총리의 미망인이기도 하였다. 그녀는 남편이 죽은 뒤 조용히 재야에 머물기를 원하였으나, 자의반 타의반으로 정치 활동을 재개하였다. 이어 1960년 만장일치로 자유당 당수에 선출되었다.

그녀는 그해 6월에 치러진 총선에서 실론 전역을 분주히 돌아다니며 지지를 호소하였다. 그리고 마침내 자유당이 73석으로 제1당을 차지함으로써 총리 자리에 올랐다.

시리마보는 1965년까지 총리를 지냈다. 그 기간 동안 그녀는 서방 세계로부터의 자유를 외쳤지만 오히려 재정 정책 실패와 족벌 정치로 인해 국민들의 신망을 잃었다.

여성 초대 총리에서 물러난 그녀는 하지만 1970년에 사회주의 정당 연합체를 결성해 총선거에서 압승하고 다시 총리로 취임하였다. 1972년에는 새 헌법 제정을 이끌어 나라 이름을 '실론'에서 지금의 '스리랑카'로 바꿨다. 하지만 1977년 총선 패배로 정치 일선에서 물러났다.

1980년에는 총리직을 남용했다는 이유로 정치적 권리와 시민권을 박탈당하기도 한다.

그 뒤 1994년 스리랑카 최초의 여성 대통령으로 선출된 딸인 찬드리카 쿠마라퉁가(Chandrika Kumaratunga : 1946~)가 그를 다시 총리로 기용함으로써 또다시 총리직을 맡았다.

2000년 8월까지 총리직을 역임하다가 정계에서 은퇴하였고, 그해 10월 심장마비로 사망하였다.

1798년 7월 21일

나폴레옹, 이집트 원정 중 카이로에 입성

"전진! 4000년의 기억을 가진 유적이 너희를 지켜보고 있다는 것을 기억해라."

-보나파르트 나폴레옹

1798년 5월 19일, 보나파르트 나폴레옹(Napoléon Bonaparte : 1769~1821)은 이집트를 향해 남프랑스에서 배로 떠났다.

원정의 동기는 나폴레옹 개인의 동방에 대한 야망도 있었지만, 이집트를 제압함으로써 인도에 진출한 영국을 견제하기 위한 의도가 더욱 강하였다.

원정군은 33척의 함대와 200여 척의 수송선단으로 이루어져 있었고, 3만여 명의 육군과 167명의 학자, 기술자를 태우고 지중해 동쪽으로 진출하였다.

6월 10일 몰타 섬에 상륙하여 이 섬을 점령한 뒤, 7월 초 알렉산드리아에 상륙하여 이집트 카이로를 향해 진군하였다.

7월 21일 나폴레옹은 현지 맘루크 기병의 격렬한 저항을 받았으나 대규모 사단을 방진 대형으로 편성하는 전술을 펼쳐 승리를 거두어 카이로에 입성하였다. 후대에 이 전투는 수평선에서 희미하게 보인 피라미드를 본따 ‘피라미드 전투’로 명명되었다.

나폴레옹은 카이로에 입성하자 곧바로 군사정권을 수립하였다. 그는 현지인에게 유화정책宥和政策을 약속하고 이슬람교를 공인하였으며 투르크의 압제를 배제하는 한편 인민의 해방과 근대화를 추진하였다.

하지만 입성한 지 얼마 안 되어 아부키르 만灣에서 영국의 넬슨 함대에 프랑스 해군이 격멸되었기 때문에 10일 후 나폴레옹은 중동 정복을 포기하게 되었다.

* 1798년 5월 19일 ‘나폴레옹, 이집트 원정 출정’ 참조

7월의
모든 역사

7월 22일

1246년 7월 22일

가톨릭 수사 카르피니,
카라코룸의 '황금 천막'에 도착하다

'나는 영원한 하늘의 힘 아래서 모든 나라를 지배하는 권한을 가진 칸이다. 군주의 우두머리이며 전권을 갖춘 그대는 짐에게 복종하고 경의를 표하기 위해 와야 할 것이다. 그대가 이에 따라 행동할 수 없다면 그대 신변에 지금부터 일어날 일을 어떻게 예측할 수 있겠는가? 그것은 하늘만이 알 뿐이다.'

몽골 제국 구유크 칸(Güyük : 1206~1248)이 로마 교황에게 보내는 편지를 받아든 이탈리아 프란체스코회 선교사 카르피니(Giovanni de Piano Carpini : 1182?~1252)는 귀국하기 위해 발걸음을 돌렸다.

환갑을 넘긴 카르피니가 교황의 친서를 들고 몽골 황제를 만나기 위해 수도 카라코룸을 향해 떠난 것은 1245년 4월이었다.

여행의 목적은 몽골인에게 가톨릭으로 개종할 것을 권유하고, 그 내정을 살피기 위한 것이었다. 사실 여기에는 더 절박한 이유가 있었다.

칭기즈 칸(Chingiz Khan : 1155?~1227)의 손자로 킵차크한국─汗國의 군주인 바투(Batu : 1207?~1255)는 1241년 4월 11일 헝가리 부다페스트 근처 사요Sajo 강에서 헝가리 연합군을 섬멸하였다. 바투의 몽골군이 동유럽을 휩쓸자 서유럽은 그야말로 풍전등화 같은 상황이었다.

교황 인노켄티우스 4세(Innocentius IV : ?~1254)는 1245년 여름에 프랑스 리옹에서 공의회를 열었다. 교황은 새로운 십자군을 모집하고 몽골군의 침략에 대비하자는 말과 함께 카르피니를 몽골로 파견한 사실을 알렸다.

만약 교황의 뜻대로 카르피니의 파견이 성과를 거둔다면, 유럽을 침략한 '타타르인'(러시아인들이 킵차크한국의 투르크인을 모욕적으로 부른 말)이 누구이며 어떤 목적으로 그들을 침략하는지 알 수 있을 것이다. 더욱 잘되면 그들을 기독교인으로 개종하여 이슬람 세력을 견제할 수도 있었다.

카르피니는 프랑스 리옹을 출발하여 폴란드, 키예프, 카스피 해, 아랄 해 북쪽 연안, 톈산天山 산맥 북쪽 기슭을 거쳐 1246년 7월 22일에 카라코룸 근처에 있는 '황금 천막'에 도착하였다.

도착하기 이전에 카르피니는 오고타이(Ogotai : 1185~1241)의 뒤를 이을 칸의 후계 자리를 놓고 구유크와 대립하고 있던 바투를 만났다. 바투는 카르피니에게 수도사 1명만 데리고 몽골의 새로운 황제를 뽑기 위한 회의인 쿠릴타이Khuriltai가 열리는 카라코룸으로 갈 것을 명령하였다.

카라코룸에 도착한 카르피니는 몽골 제국의 제3대 황제가 된 구유크의 즉위식에 참가하여 교황의 친서를 전하였다.

교황은 친서를 통해 다른 나라에 대한 침략, 특히 가톨릭 나라들에 대한 침공을 중지할 것과 황제 자신이 가톨릭교로 개종할 것을 권유하였다. 그리고 가톨릭교도에 대한 공격을 중지하지 않으면 신의 노여움을 사서 사후에 지옥으로 떨어진다는 내용을 전했다.

편지를 읽어 본 구유크는 즉시 답장을 써 주었다. 하지만 답신의 내용은 교황이 바라던 것이 아니었다. 교황이 직접 와서 황제에게 복종하지 않으면 교황의 신변에 지금부터 어떤 일이 일어날지 모른다는 황제의 당당함을 보이고 교황을 위협하는 내용이 담겨진 것이었다.

카르피니는 1246년 11월 카라코룸을 떠나 이듬해 가을 리옹에 도착하였다. 교황의 뜻은 이루지 못했지만 카르피니는 몽골의 정세를 살필 수 있었다.

또한 「몽골인의 역사」를 보고서로 작성하여 교황에게 올렸다. 그는 보고서에 자기가 카라코룸에 도착하기까지의 경로와, 유목민의 모습, 군사 편제, 전쟁 방식 등을 기록하였다.

유럽인의 중앙아시아 첫 번째 방문은 이렇게 시작된 것이었다.

*** 1241년 4월 11일 '몽골군, 사요 강에서 헝가리 연합군을 섬멸하다' 참조**

1934년 7월 22일

미 연방 수사국,
전설적인 은행 강도 존 딜린저 사살

"난 은행을 털러 왔지, 당신 쌈짓돈이나 훔치러 온 게 아니야."

-존 딜린저

미국의 전설적인 은행 강도 존 딜린저(John Dellinger : 1903~1934)가 1934년 7월 22일 시카고의 한 극장을 나서다 미 연방 수사국FBI 요원 127명이 동시에 발사한 총탄을 맞고 사망하였다.

딜린저는 21세이던 1924년 친구와 함께 어설프게 식품점을 털다 경찰에 체포되었다. 변호사를 쓸 수 없었던 그는 관대한 처분을 바라고 죄를 고백했다가 10년이 넘는 형을 선고받았다.

하지만 그 시기는 그에게 은행 강도 해리 피어폰트와 러셀 클라크를 만나 고급 기술을 습득할 수 있는 배움의 기간이기도 하였다.

1933년 5월 딜린저는 가석방되었다. 이때부터 그는 미국 중서부 일대의 은행을 털며 명성을 떨쳤다. 1년 남짓한 기간에 11개 은행을 습격해 30만 달러라는 거액을 손에 넣었다. 그리고 딜린저는 2번을 탈옥하고, 보안관 1명, 경찰관 7명, FBI 요원 3명을 살해하였다.

딜린저는 신출귀몰한 은행 강도로 대중 사이에 신화적 인물이 되었다. 특히 잘생긴 외모에 대담한 행동, 시민의 돈은 건드리지 않고 인질도 해치지 않는 그의 행적은 대공황에 지친 시민들에게 마치 의적처럼 보이기도 하였다.

약이 오를대로 오른 FBI로서는 어떻게 해서든 딜린저를 잡아들여야
만 하였다. 현상금 1만 달러를 내걸었다. 그리고 딜린저의 애인이었던
빌리 프리셰를 회유하였다.

결국 프리셰가 애인의 행방을 밀고함으로써 딜린저는 비참한 최후를
맞이하게 되었다.

2000년 7월 22일

서방 선진 7개국과 러시아, IT 헌장 채택

국내 및 국가 간의 정보격차 해소는 각국의 국민적 과제 속에서 결정적인
중요성을 띠게끔 되었다. 누구나 정보통신 네트워크에의 접근을 누릴 수
있어야 한다.

2000년 7월 22일 일본 규슈에서 서방 선진 7개국과 러시아는 '글로
벌 정보화 사회에 관한 오키나와 헌장', 일명 'IT 헌장'을 채택하여 발표
하였다.

IT 헌장은 미래 사회에 대비하여 선진국과 후진국 사이의 정보격차
현상(디지털 디바이드)을 해소하기 위한 것이다.

IT 헌장은 선언적인 의미를 지니고 있다. 그리고 정보격차를 해소
하기 위해 지식 격차 해소, 경쟁 촉진을 위한 정책 강화, 인력 양성,
사이버 범죄 등 부작용 해소, 닷포스(DOT FORCE : Digital Opportunity
Taskforce) 구성 등 기본적인 방향을 제시하였다.

1784년 7월 22일

독일의 천문학자 베셀 출생

프리드리히 베셀(Friedrich Wilhelm Bessel : 1784~1846)은 1784년 7월 22일 독일의 베스트팔렌에서 가난한 공무원의 아들로 태어났다.

그는 항해가가 되기 위해 천문학과 수학을 공부하였다. 1804년 핼리 혜성의 궤도를 계산하여 능력을 인정받고 릴리엔탈 천문대에서 일하였다. 1810년에는 쾨니히스베르크 대학교의 교수 겸 천문대 대장이 되었다.

그의 가장 두드러진 업적은 백조자리 61번 별의 연주 시차를 측정한 것이다. 이는 1838년에 발표되었고 별의 거리를 측정하여 공인받은 최초의 사례가 되었다. 현재의 자오선 천문학 관측법 중에는 그로부터 유래된 것이 많다.

그는 또한 지구의 편평도가 1/299이라는 것을 유도하는 업적도 남겼다.

7월 23일

1967년 7월 23일

미국 디트로이트에서
대규모 흑인 폭동이 발생하다

"소울Soul은 흑인들의 거만이자 분노이며 거친 감정이다. 그것은 느낌이 아니라 신념이며 멋이 아니라 힘이다. 그것은 의식의 폭발이며 흑인들의 자존과 힘 그리고 성장에 대한 잠재력의 깨달음으로 태어난 것이다."

-아놀드 쇼, 음악 평론가

1967년 7월 23일, 미국 디트로이트 시내 12번가에 있는 한 술집에서 시끌벅적한 소리가 들려왔다. 월남전에 참여하였던 두 흑인 병사가 아무 탈 없이 돌아오자 이웃 주민들이 그들을 위한 파티를 연 것이었다.

그런데 평소에 흑인을 아니꼽게 보고 못살게 굴던 백인 경찰 4명이 이곳을 덮쳤다. 무허가 영업으로 손님 모두를 체포한다는 것이었다. 분위기는 갑자기 차가워졌으며 경찰들은 82명이나 되는 사람들을 모두 체포해 술집 앞에 세워 두었다.

마침 지나던 흑인들이 그 광경을 보고 모여들기 시작하였다. 불안한 고요 속에서 경찰들은 술집에 있던 사람들을 하나하나 연행해 가기 시작하였다.

이때 갑자기 어디선가 쨍하는 유리 깨지는 소리가 들렸다. 누군가가 인근 옷가게의 유리창을 깨뜨린 것이었다. 불안한 고요는 다이너마이트가 터지는 듯한 소란한 폭동으로 바뀌었다. 예기치 못한 소동에 많은 경찰들이 달려왔지만 평소 억눌려 온 흑인들의 분노를 억누를 수는 없었다.

이후 닷새 동안 모두 43명이 사망하고, 1,189명이 다쳤으며 7,000명이 체포되는, 당시로서는 최악의 폭동이 일어났다. 건물 1,400채가 불탔고 폭동을 진압하기 위해 8,000명의 군 병력이 투입되었다.

1965년 2월 21일 말콤 엑스(Malcolm X : 1925~1965)가 암살된 이후 흑인 해방 운동은 대화나 타협보다는 행동으로 표현하는 방식으로 바뀌고 있었다. 흑인 스스로 '검은 것이 아름답다'는 자의식을 가지게 되었다.

학생 비폭력 조정 위원회의 의장이었던 카마이클(Stokely Carmichael : 1941~1998)은 1965년 6월에 '블랙파워black power'라는 슬로건으로 흑인은 백인과 대결해야 한다고 주장하였다. 이것은 단순히 인종차별 폐지를 주장하던 것과 다르게 폭력을 사용해서라도 백인과 같은 인권을 보장받겠다는 것이었다.

이 운동은 흑인 사회로 빠르게 전파되었으며 베트남 반전 운동과도 연결되어 세력을 확장할 수 있었다. 디트로이트에서 벌어진 흑인 폭동은 블랙파워 운동으로 깨닫게 된 흑인의 처지를 항변하는 것이기도 했다.

블랙파워 운동은 흑인들의 음악에서도 나타났다. 디트로이트의 흑인 폭동은 그들의 음악을 리듬 앤 블루스에서 소울로 바꾸어 놓았다. 소울은 19세기 초반에 흑인영가靈歌를 기독교회의 부흥에 맞게 바꾸어 부른 것에서 뿌리를 두고 있다.

그리고 흑인 민권운동이 만개했던 1960년대에 흑인들의 의식이 성장함에 따라, 노래를 통해 변화하는 현실과 흑인들의 생각을 대변하였다.

소울은 블랙파워 운동의 행진곡이었고, 소울 음악의 대표적인 가수인 아레사 프랭클린(Aretha Franklin : 1942~)의 힘찬 노래는 흑인의 정신을 나타내고 있었다. 그녀의 강한 목소리를 들을 수 있는 「존경Respect」은 디트로이트 폭동 때 흑인 시위대가 부르는 찬가였다.

그녀가 발표한 「생각해 봐Think」라는 노래는 흑인의 자유를 갈망하고 있다.

"정신을 풀어헤쳐 자유로와져라. …… 자유, 자유를 갖자. 자유, 자유, 지금 당장 자유를 달라."

소울의 대부로 불린 제임스 브라운(James Brown : 1933~2006)은 이렇게 말하고 있다.

"소울 음악은 민권운동과 손잡고 함께 성장해 왔다."

소울 음악은 디트로이트 폭동 당시 투쟁적인 블랙파워 운동을 나타
내는 흑인들의 거친 항변이었던 것이다.

1921년 7월 23일

중국공산당 창립 대회, 상하이에서 개최

우리 당의 정식 명칭을 '중국공산당'이라 한다. 노동자 계급의 독재는 계급
투쟁이 끝나는, 곧 사회의 계급 구분이 사라질 때까지 계속됨을 승인한다.

중국공산당은 1921년 7월 23일 상하이에서 조직되었다. 하지만 이전
부터 공산주의 이론은 진보적이고 급진적인 지식인들에게 받아들여지
고 있었다.

그 대표적인 것이 1918년에 리다자오(李大釗 : 1889~1927)가 이끈 베
이징 대학교의 '마르크스주의 연구회'이다. 이들은 공산주의 이론을 통
해 외세와 결탁한 군벌을 타도하고 민족국가를 수립하려고 하였다.

1920년 소련은 중국을 주목하고 보이틴스키(Grigori Voitinsky :
1893~1953)를 파견하였다. 이때 리다자오는 그에게 베이징 대학교의
교수인 천두슈(陳獨秀 : 1879~1942)를 소개해 주었고, 두 명을 중심으로
1920년 8월에 7명으로 이루어진 공산당 창립 발기 대회를 열었다.

그 후 베이징, 상하이, 광저우 등지에 공산주의 그룹이 만들어지기
시작했으며, 1921년 7월 23일 마침내 중국공산당 창립대회를 상하이

에서 가지기로 하였다. 리다자오와 천두슈가 이 대회의 조직을 담당하였다.

그들은 중국 각지에 흩어져 있는 여러 좌파 조직에게 소식을 보냈다. 창립 당일, 중국 각지의 공산주의 소조와 여일 공산주의 소조에서 모두 12명을 파견하였다.

이때 마오쩌둥(毛澤東 : 1893~1976)은 후난 대표로 참석하였으며, 코민테른 대표로 핸드릭 마링(Hendrik Maring : 1883~1942)과 니콜스키가 대회에 참가하였다.

당의 역할과 조직에 대한 그들의 최종 결정은 레닌 노선을 따랐다. 천두슈는 참석하지 않았지만 중국 공산당의 총서기로 선출되었다.

오늘날의 중국을 이루려는 긴 역사가 시작된 것이다.

1951년 7월 23일

프랑스의 정치가 페탱, 옥중 사망

앙리 필립 페탱(Henri Philippe Benoni Omer Joseph Pétain : 1856~1951)은 생 시르 사관학교를 졸업하였고 제1차 세계 대전에 참전하였다.

4년간의 1차 세계 대전 동안 그는 대령에서 원수로까지 승승장구할 만큼 뛰어난 군인이었다. 1916년에는 베르됭 전투에서 독일군을 막아낸 공을 인정받아 '베르됭 전투의 영웅'이라는 칭호를 받았다.

하지만 제2차 세계 대전에서 독일의 히틀러 군대가 프랑스 국경을 속전속결로 돌파하면서부터 그는 나락으로 떨어지기 시작하였다. 그는 독일과의 휴전을 원하였고, 샤를르 드 골(Charles De Gaulle : 1890~1970)

은 항전을 원하였다.

실권을 잡은 페탱이 라디오로 히틀러에게 휴전을 제의하였다. 사실상의 항복이었다. 그리고 그는 전원도시 비시에 세워진 비시 괴뢰정권의 수장이 되었다.

종전 후 페탱은 전범 재판을 받으면서 "프랑스를 베르 같은 지옥으로 만들 수 없었다."고 항변하였다. 하지만 그는 반역죄로 사형을 선고받았다.

이후 종신형으로 감형되어 수감되었다. 그리고 수감 생활을 하던 중 1951년 7월 23일, 95세의 나이로 옥중에서 사망하였다.

2001년 7월 23일

와히드 인도네시아 대통령, 탄핵으로 직무 정지

2001년 7월 23일 인도네시아 최고 의사 결정 기구인 국민협의회MPR는 591명 전원의 찬성으로 대통령 압두라만 와히드(Abdurrahman Wahid : 1940~2009)의 탄핵을 결정하였다.

이로써 와히드의 직무가 정지되었고 메가와티 부통령이 대통령직을 승계하였다. 그가 1999년 10월 대통령에 당선된 이래 21개월 만이었다.

와히드에게는 조달청 공금 350억 루피아와 기부금 200만 달러를 횡령하거나 유용한 혐의가 적용되었다.

와히드는 이날 새벽에 국민협의회의 활동 중지와 1년 내 조기총선 실시 등을 내용으로 한 포고령을 발표했지만 군부와 경찰까지 이 포고령을 거부하였다.

와히드는 인도네시아 사상 최초로 민주적 절차에 의해 당선된 역사적인 대통령이었다. 그러나 그가 취임한 이후 인도네시아 정국은 혼란과 파탄의 연속이었다. 무기력과 무능력으로 정치 혼란 및 경제 침체를 야기, 국민의 신망을 잃기 시작하였다.

결국 2000년 8월에 금융 횡령 스캔들이 터져 국회의 진상 조사 특위가 조사에 들어감으로써 탄핵이 거론되었다. 와히드는 인도네시아 역사상 최초로 탄핵당한 대통령으로 기록되었다.

한편 수카르노(Sukarno : 1901~1970) 초대 대통령의 딸인 메가와티 수카르노푸트리(Megawati Sukarnoputri : 1947~) 부통령이 와히드 대통령을 대신해 이날 오후 제5대 인도네시아 대통령에 취임하였다.

7월 24일

1927년 7월 24일

일본 소설가 아쿠타가와 류노스케 자살하다

"뭔가 쓰고 있습니까? 공부는 하고 있죠? 부디 훌륭한 작가가 되어
주세요. 그러나 무턱대고 서둘러서는 안 됩니다. 그저 소처럼 묵묵
하게 한 발 한 발 나가는 것이 중요합니다."

-소세키, 류노스케에게 보낸 편지

초기 현대 일본 문학을 대표하는 작가 나쓰메 소세키(夏目漱石 : 1867~1916)는 신인 작가인 류노스케의 글을 읽고 칭찬을 아끼지 않았고 많은 조언과 격려를 해 주었다. 그러나 류노스케는 소가 되지 못하고 신경쇠약에 빠져 36년의 짧은 인생을 끝마쳤다.

일본에서는 그를 기리기 위해 1934년 아쿠타가와 상芥川賞을 제정하였다. 이 상은 신인 소설가에게 수여되는 상으로서는 최고의 권위를 인정받고 있다.

아쿠타가와 류노스케(芥川龍之介 : 1892~1927)는 1892년 도쿄에서 태어났다. 그의 아버지는 우유 판매 회사 사장으로 상당히 성공을 거둔 사람이었다. 어머니는 그가 태어난 지 1년이 안 되었을 때 정신병 발작을 일으켰다. 이 때문에 류노스케는 어린 시절을 외삼촌 집에서 보내야 했고, 평생 정신병이 유전될 수 있다는 두려움 속에 살았다.

그는 서양 문물이 매우 빠르게 일본 사회에 흡수되는 과정에서도 전통 일본식의 예의범절이 지켜지는 엄격한 집안에서 자랐다.

양자로 들어간 외삼촌의 집에는 동서양의 많은 책들이 있었다. 류노스케는 교쿠테이 바킨(曲亭馬琴 : 1767~1848)과 같은 일본 고전 문학, 『서유기』 『수호지』와 같은 중국 문학, 헨리크 입센(Henrik Ibsen : 1828~1906)과 이반 투르게네프(Ivan Sergeevich Turgenev : 1818~1883) 등의 서양 문학을 열심히 읽었다.

그가 문학을 하는 것에 양부모 어느 누구도 말리지 않았다. 모두 문학을 좋아했기 때문이었다. 그는 "인생을 알기 위해 거리를 다니는 사람을 쳐다보지 않았고, 그 사람들을 바라보기 위해 인생을 알고 싶었다."고 책을 읽는 이유를 말하였다.

수재였던 류노스케는 도쿄 대학교 영문과에 들어가 글을 쓰기 시작하였다. 그는 동인지 『신사조新思潮』에 처녀작인 「노년老年」을 발표하였다. 그리고 23세 때인 1915년에 대표작이면서 첫 단편소설인 「라쇼몽羅生門」을 발표하였다.

이 소설은 굶주림이라는 극한 상황에 처한 한 사나이가 피해갈 수 없는 악의 세계를 그린 것으로, 작가의 니힐리즘nihilism, 곧 허무주의를 보여 주는 근대 일본의 대표적 단편소설이다.

이후 류노스케는 1927년 7월 24일에 자살할 때까지 10년 동안 150여 편의 글을 썼으며, 대표작으로 『어떤 바보의 일생』『코』『톱니바퀴』 등이 있다. 아래는 「라쇼몽」의 결말 부분이다.

"이 시체의 머리카락을 뽑아서 말이야, 이 머리카락을 뽑아서 말이야, 가발을 만들려고 했어."

사나이는 노파의 대답이 뜻밖으로 평범한 것에 실망했다. 이제 사나이는 굶어 죽느냐, 도둑질을 하느냐 망설이지 않았다. 그러기는커녕 굶어 죽는다는 따위는 생각할 수도 없을 만큼 의식 밖으로 멀리 밀려나 있었다.

"정말 그런가? 그렇단 말이지."

노파의 말이 끝나자 사나이는 비웃는 듯한 목소리로 다짐을 했다. 그러고는 한 걸음 앞으로 다가서더니 여드름을 만지던 손으로 노파의 멱살을 움켜쥐고는 물어뜯을 듯이 이렇게 말했다.

"그럼 내가 네 옷을 벗겨가도 날 원망하지 않겠지. 나도 그렇게 하지 않으면 굶어 죽을 판이니 말이야."

사나이는 벼락 치듯이 재빨리 노파의 옷을 벗겼다. 그러고는 발목을 붙잡고 늘어지는 노파를 거칠게 시체들 위로 걷어차 버렸다. 사닥다리까지는 불과 다섯 걸음 안팎이었다. 사나이는 빼앗은 짙은 자주 빛 옷을 옆구리에

끼고 눈 깜짝할 사이에 가파른 사닥다리를 짚고 어둠의 땅바닥으로 뛰어
내렸다.

1959년 7월 24일

닉슨과 흐루시초프, 부엌 논쟁을 벌이다

냉전 시절 미국과 소련은 만날 때마다 체제 선전으로 설전을 벌였다.
그러나 1950년대 후반에는 잠시 동안 해빙을 위한 제스처를 취하였다.

양국은 문화 교류의 일환으로 상대편 나라에 무역 전시관을 열기로
하였다. 1959년 6월에는 뉴욕에 소련 전시관이, 7월에는 모스크바에
미국 전시관이 열렸다.

미국 전시관이 공식 개장하기 하루 전이었던 7월 24일, 미국 부통령
리처드 닉슨(Richard Milhous Nixon : 1913~1994)이 소련의 지도자 니키
타 흐루시초프(Nikita Sergeevich Khrushchyov : 1894~1971)와 마주쳤다.

닉슨이 세탁기, 토스터기 등 신식 기기가 갖춰진 부엌을 자랑하였다.
이에 다혈질인 흐루시초프는 흥분하며 "미국 노동자들이 모두 이런 사
치품들을 살 수는 없을 것입니다."라고 공격하였다. 이른바 부엌 논쟁
이 시작된 것이었다.

닉슨은 즉각 "우리 철강 노동자들이 지금 임금 인상을 요구하며 파업
중인 걸 아시지요? 그런 노동자들도 누구나 이 정도는 살 수 있지요."라
고 치받았다. 이어 "그 사람들이 시간당 3달러를 받는데, 한 달에 100달
러 정도씩 25~30년만 불입하면 이런 가전제품이 완비된 집을 얼마든
지 삽니다."라고 공격하였다.

흐루시초프의 반격 차례였다. "별로 놀랍지 않네요. 곧 완공될 소련의 주택에는 그런 것들이 완비될 것입니다. 앞으로 소련에서 태어나기만 하면 누구나 그런 집에서 살 수 있습니다."

이 광경을 지켜보던 주위 사람들은 긴장하기 시작하였다. 하지만 흐루시초프가 먼저 냉정을 찾았다.

그가 "모든 나라, 특히 미국과 평화롭게 지내길 원합니다."고 하자, 닉슨 역시 "손님 접대를 제대로 하지 못했습니다."라며 누그러졌다.

둘의 '부엌 논쟁'이 다음날 미국 언론에 대서특필되면서 닉슨은 미국에서 화제의 인물로 떠올랐다.

2000년 7월 24일

프로 골퍼 타이거 우즈, 최연소 그랜드슬램 달성

2000년 7월 24일, 골프 황제 타이거 우즈(Eldrick Tiger Woods : 1975~)가 스코틀랜드의 세인트 앤드루스 올드코스에서 열린 제129회 브리티시오픈 최종 4라운드에서 3언더파 69타를 쳐, 합계 19언더파 269타로 메이저 골프대회 챔피언 자리에 올랐다.

이로써 우즈는 프로 골프 역사상 통산 다섯 번째 그랜드슬램의 위업뿐만 아니라, 최연소 그랜드슬램도 달성하였다.

우즈는 1997년 마스터스와 1999년 PGA챔피언십, 그리고 2000년 US오픈에 이어 브리티시오픈까지 4대 메이저 타이틀을 만 24세 7개월의 나이로 석권하였다.

잭 윌리엄 니클라우스(Jack William Nicklaus : 1940~)가 34년 동안 갖고

있던 최연소 그랜드슬램 기록을 2년 앞당긴 것이었다. 당시 니클라우스는 26세 6개월이었다.

　또한 우즈는 이 대회 우승으로 US오픈과 브리티시오픈을 한 시즌에 모두 우승한 여섯 번째 선수가 됐으며, 1990년 닉 팔도(Nicholas Alexander Faldo : 1957~)가 갖고 있던 올드코스 최저타 우승 기록도 갱신하였다.

* 1997년 4월 13일 '골프 천재 타이거 우즈, 미국 마스터스 대회 최연소 챔피언이 되다' 참조

7월 25일

1894년 7월 25일

청일전쟁이 일어나다

경제사학자 포이어워커는 "16세기까지 유럽은 절대 중국과 대등한 수준에 있지 못했다. 관료제나 문화 수준, 농업과 산업의 생산성 등 어떤 면과도 비교되지 않았다"고 주장하였다. 그러나 1842년 아편전쟁에서 중국은 힘없이 무너졌고, 그 후 다시 일본이 중국 중심의 질서에 제동을 걸었다.

청일전쟁이 일어나기 전인 1890년까지만 하더라도 일본의 해군력은 당시 동양 최고를 자랑하던 청나라의 해군력보다 훨씬 뒤처져 있었다.

그러나 일본은 1868년 메이지유신明治維新을 통하여 빠른 속도로 근대화를 이룩한 이후, 1893년 가을 무렵에는 거의 청나라와 같은 수준까지 해군력을 끌어올릴 수 있었다.

국력 팽창에 따른 일본의 자신감은 아시아 유일의 근대적인 입헌국가라는 자부심과 함께 주변국에 대한 우월감으로 나타났다. 경제적인 면에서 서양과 맺은 불평등 계약을 보상받고 메이지 정부의 재정 부담을 줄이기 위해 시장을 확대할 필요가 있었다.

국제 정세도 일본에게 유리하게 작용하여, 영국은 러시아의 남하를 막기 위한 파트너로 일본을 주목하고 있었다. 일본의 입장에서 청나라와 전쟁을 벌일 만한 조건이 마련된 것이다.

1894년 조선에서 동학농민운동이 일어나자 그해 6월 초 조선 정부는 농민군을 진압하기 위해 청나라에 군대를 요청하였다. 청나라가 조선에 군대를 파견하자 텐진天津 조약에 따라 일본도 군대를 파견하였다.

그해 3월 일본의 이토 히로부미(伊藤博文 : 1841~1909) 내각은 탄핵의 위기에 처해 있었지만, 이토는 조선의 혼란을 이용하여 정국을 수습하고자 하였다. 일본은 청 · 일 두 나라가 조선의 내정을 개혁하자는 제안을 청나라에 하였지만 거부당하였다.

일본은 7월 25일 아산 · 풍도 앞바다에서 청나라 해군을 공격하고 29일 성환을 점령한 후 8월 1일에 선전포고하였다.

청나라의 리홍장(李鴻章 : 1823~1901)은 양무운동을 통해 30년간 훈련시켜온 회군淮軍과 북양北洋 함대를 동원하여 일본군과 맞섰다. 일본은 9월 하순 본격적인 육상 전투인 평양 전투에서 청나라의 육군을 격파하였고 바다에서 벌어진 황해해전에서도 승리하였다.

당시 일본 해군은 대형 장갑함을 보유하지 못한 상태인 데 반해 청나라 해군은 주력 장갑함인 정원定遠과 진원鎭遠을 주축으로 한 함대를 갖고 있었다.

그러나 일본은 18kt 이상의 쾌속선과 150mm · 120mm 포 등의 중구경 속사포를 유효하게 활용하였고, 함대 지휘가 용이하고 변화에도 대응하기 쉬운 단종진 전법을 활용해 전투를 승리로 이끌었다.

11월에 일본은 육군과 함께 뤼순旅順 · 다롄大連 · 웨이하이웨이威海衛까지 점령하여 청나라 북양 함대를 섬멸하였다.

다급해진 청나라는 리홍장을 전권대신으로 일본에 파견하여 1895년 4월에 시모노세키조약下關條約을 맺었다. 이 조약에서 일본은 조선의 독립 인정, 요동과 대만 평후 제도澎湖諸島의 할양, 최혜국 대우, 2억 량의 배상금 지급 등을 요구하였다. 하지만 러시아, 독일, 프랑스의 삼국 간섭으로 랴오둥반도遼東半島는 청나라에 돌려주었다.

청일전쟁 결과 청에서는 양무운동을 주장하던 리홍장이 실각되었고, 보수 세력이 일어나 다시 나라는 혼란 속으로 빠져들었다. 일본은 조선에 파견한 군사력을 배경으로 하여 조선을 실질적인 피지배국으로 만드는 절차에 들어갔고, 동양의 맹주가 되어 조선과 중국을 지배할 수 있다는 팽창 의식을 강화하였다.

한편 청일전쟁을 통해 서구 제국주의 세력은 청의 약점을 파악할 수 있었다. 여태까지 이들은 비록 아편전쟁에서 청나라의 군대를 물리치기는 했으나 그 광대한 영토와 인구로 인해 두려움을 가지고 있었다. 그러나 청나라가 아시아의 소국인 일본에게 패배하자 노골적으로 중국을 수탈하기 시작하였다.

1867년 7월 25일

카를 마르크스, 『자본론』 제1권 출간

"그는 낭만도 없었고 가정적이지도 않았어요. 좁은 방에서 울어대는 세 아이의 울음소리도 들리지 않았나 봅니다. 그는 그저 대영박물관 도서관의 책장 넘기는 소리에 묻혀 지냈을 뿐이었죠. 누가 그를 알겠습니까?"

– 예니 마르크스, 카를 마르크스의 아내

카를 마르크스(Karl Heinrich Marx : 1818~1883)는 1818년 독일의 트리어에서 태어났다. 그는 본Bonn 대학에서 법률학을 공부한 후 베를린 대학에서 철학과 역사학을 연구하고 예나 대학에서 철학 박사학위를 받았다.

이후 그는 쾰른으로 이주하여 라인 지방의 반정부 기관지 「라인신문Rheinische Zeitung」의 주필이 되었다. 하지만 동지의 혁명적 논조 때문에 사직하고, 부인 예나 마르크스(Jenny Marx : 1814~1881)와 함께 함께 프랑스 파리로 이주하였다.

그곳에서 마르크스는 평생의 동지 프리드리히 엥겔스(Friedrich Engels : 1820~ 1895)를 만났으며 그를 통해 피에르 조셉 프루동(Pierre-Joseph Proudhon : 1809~1865)을 포함한 프랑

Das Kapital.

Kritik der politischen Oekonomie.

Von

Karl Marx.

Erster Band.
Buch I: Der Produktionsprocess des Kapitals.

Das Recht der Uebersetzung wird vorbehalten.

Hamburg
Verlag von Otto Meissner.
1867.
New-York: L. W. Schmidt, 24 Barclay-Street.

『자본론』 표지

스의 사회주의자들을 만나게 되었다.

그 후 마르크스는 1848년 엥겔스와 함께 「공산당선언Communist Manifesto」을 작성하였다. 그러나 1849년 마르크스는 프랑스 정부에 의해 추방되어 영국으로 망명하였다.

영국은 연구 대상인 자본주의의 본산이었다. 착취당하는 노동의 현장을 확인할 수 있고, 혁명에 의해 전복될 자본의 모순을 예측할 수 있는 곳이었다.

영국에서 마르크스는 자본주의 경제에 대한 연구에 몰두하였다. 독일의 고전철학, 영국의 고전경제학, 프랑스의 혁명적인 여러 이론을 계승시켜 게오르크 헤겔(Georg Wilhelm Friedrich Hegel : 1770~1831)의 변증법과 파울 포이어바흐(Paul Johann Anselm von Feuerbach : 1775~1833)의 유물론을 종합하였다.

이를 통해 관념론을 제기한 후 변증법적 유물론과 유물사관을 완성시켜 완전히 새로운 사회체제의 건설을 의도하였다. 특히 자본주의 경제 체제의 필연적 몰락을 예언하였다.

마르크스는 한 사회의 물질적인 삶의 조건이 우리의 생각과 의식을 결정한다고 생각하였다. 그는 물질적 삶의 조건 변화가 역사에 결정적인 작용을 한다는 것을 증명하고자 하였다. 한 사회의 정신적인 상황이 물질적 변화를 일으키는 것이 아니라, 그 반대로 물질적인 상황이 정신적인 상황을 결정한다고 생각한 것이었다. 마르크스는 특히 한 사회의 경제적인 힘이 다른 모든 분야에 변화를 일으켜 역사를 발전시킨다고 강조하였다.

그리고 그는 이 생각을 종합해 1867년 7월 25일 『자본론Das Kapital』을 출간하였다. 『자본론』은 주로 영국의 고전파 경제학과 영국 사회에 대한 비판을 담고 있는데, 내용은 1859년 발간된 마르크스의 저서『정치경제학 비판을 위하여』의 연장선상에 놓여 있다. 또한 마르크스는 이 책을 통해 자본주의와 당대 경제학자들의 이론들을 분석함으로써 시민사회 · 자본주의 사회에 대해 객관적으로 비판하였다.

그가『자본론』을 처음 구상할 때는 자본 · 임금노동 · 토지소유 · 국가 · 국제거래 · 세계경제에 관해 각각 한 권의 책을 쓰고자 하였다. 그러나 이 구상은 제대로 실현되지 못했고, 더욱이 마르크스가 직접 교열한 책은 3권으로 구성된『자본론』중 제1권뿐이었다.『자본론』제1권은 '자본의 생산과정'이라는 부제가 있으며 이윤의 원천에 관해 다루고 있다.

이후 엥겔스는 마르크스가 죽은 뒤 남긴 원고를 정리하여 제2권과 제3권을 각각 1885년과 1894년에 출판하였다. 제2권은 '자본의 유통과정', 제3권은 '자본주의적 생산의 총 과정'이라는 부제가 붙어 있다.

마르크스의 대표작으로는『자본론』외에도『철학의 빈곤La Misere des la philosophie』과『경제학 비판Der Kritik der Politishen Okonomie』등이 있다.

1978년 7월 25일

영국서 첫 시험관 아기 탄생

1978년 7월 25일 영국 올덤햄 병원에서 인류 최초의 시험관 아기가 탄생하였다. 주인공은 루이스 브라운(Louis Brown : 1978~)으로 2.61kg의 건강한 여자 아이였다.

시험관 아이는 난자와 정자를 채취하여 체외수정을 거쳐 배양시킨 후 다시 자궁 안으로 넣어 임신시키는 방법으로 탄생한 아이다.

브라운의 어머니 레슬리는 나팔관이 막혀 9년 동안 아기를 갖지 못하였다. 올덤햄 병원 산부인과의 패트릭 스텝토와 케임브리지 대학교의 생리학자 로버트 에드워즈는 레슬리의 난소에서 꺼낸 성숙한 난자와 아버지의 정자를 시험관 속에서 인공수정시켰다.

그리고 48시간 뒤 인공수정된 배아를 레슬리의 자궁에 착상시켰다. 브라운은 분만 예정일을 3주 앞두고 제왕절개를 통해 태어났다.

이 방식은 오래 전부터 가축 번식을 위해 써 오던 방식이기도 했다. 시험관 아기가 태어나자 교황청은 자연의 섭리를 거스르는 근원적 악이라며 비판하였다.

하지만 브라운이 태어난 이후 전 세계에서 100만 명의 시험관 아기가 태어났다.

1919년 7월 25일

러시아, 카라한선언을 발표하다

1919년 7월 25일 러시아 외교관 레프 카라한(Lev Mikhailovich Karakhan : 1889~1937)은 중국에 대한 침략 행위를 중지하고 모든 이권을 반환한다는 일명 '카라한선언'을 발표하였다. 정식 이름은 '중국민과 남북 두 중국 정부에 보내는 제언提言'이었다.

이는 제1차 선언으로 제정러시아가 중국에 강요한 모든 불평등 조약을 무효화한다는 것이었다. 중국의 각계각층은 이 선언에 공감을 나타내며 환영하였다.

카라한은 이어 1920년 9월에 제1차 선언을 조문화하는 제2차 선언을 발표하였다.

　카라한선언은 이후 1924년에 체결한 중국 최초의 평등조약인 중·
소 협정의 기초가 되었다.

7월 26일

1952년 7월 26일

아르헨티나의 국모 에바 페론 사망하다

"사람들이 왜 나를 매춘부라고 부르죠?"

에바 페론이 물었다.

"신경 쓰지 마세요. 저도 바다에 15년 동안 있었지만 아무도 제독

이라고 하지 않습니다."

경호원이 말했다.

에바 페론(Maria Eva Duarte de Perón : 1919~1952)이 죽은 지 60년이 지났지만 아직도 아르헨티나의 식료품 노조 조합원들은 에바를 성녀로 올려줄 것을 교황에게 편지로 요청하고 있다. 하지만 후안 페론(Juan Domingo Perón : 1895~1974)에 반대하는 사람들은 그녀를 권력에 눈이 뒤집힌 천박한 창녀라고 비판한다.

에바는 끝없는 권력에 대한 욕구를 이루기 위해 남자를 이용하였다. 그녀는 가출 전에 지방 순회공연 중이던 삼류 탱고가수인 마갈디의 정부情婦가 되어 수도 부에노스아이레스로 갔고, 다시 배우 펠리치오타를 만나 그의 정부가 되었다.

그리고 다시 연극잡지의 편집자, 비누회사 사장, 군인의 정부가 되면서 차츰 권력에 접근해 갔다.

마지막으로 1943년의 쿠데타에서 주동적인 역할을 한 육군 대령 후안 페론의 정부가 되었다.

1944년에 에바는 전국에서 가장 유명한 배우로 알려졌다. 하지만 그녀가 성녀로 사랑을 받게 된 이유는 노동자와 빈민들을 잘 이해했기 때문이다.

후안 페론이 육군장관 겸 노동장관이 되었을 때 에바의 충고에 따라 그는 노동 조건의 개선과 임금 인상을 약속하였다. 대중들은 후안을 사랑했고 그녀도 사랑을 받았다.

그런데 1945년 후안을 반대하는 세력이 그를 사임시키고 체포하는 사건이 발생하였다. 에바는 경찰들이 방을 떠나는 사이 노조 지도자, 체신부 장관이었던 그녀의 어머니, 고위 경찰들에게 연락을 하며 시위를 주동하였다.

수천 명의 노동자들은 후안의 석방을 요구하는 격렬한 시위를 벌였

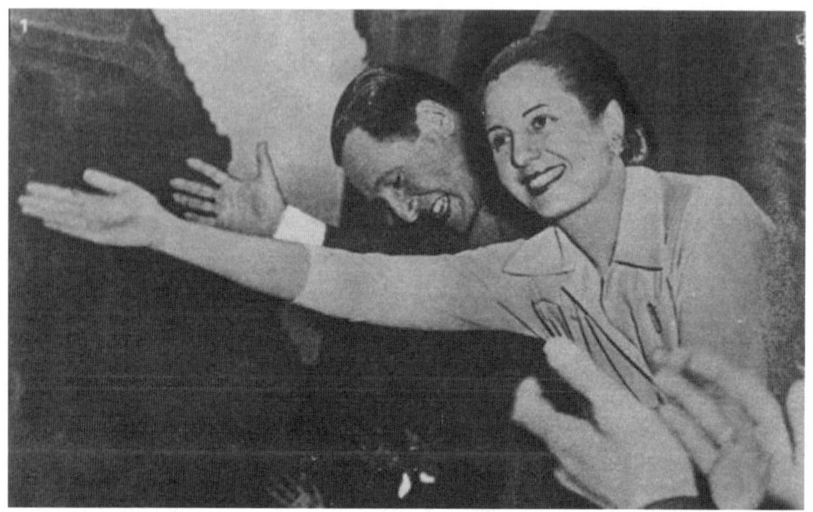

대중 유세 중인 후안 페론과 에바 페론

다. 결국 후안은 석방되었고 둘은 정식으로 결혼하였다. 그리고 후안은 다음 해 선거에서 대통령에 당선되었다.

에바는 마침내 영부인이 되어 권력의 가장 높은 자리에 올랐다. 이후 에바는 아예 노동부 건물에 사무실을 차리고 정치 일선에 뛰어들었다. 노동자들의 요구에 귀를 기울였고 하층민에게는 병원·고아원·학교를 지어 주었다. 그녀의 정책은 하층민으로부터 폭발적인 인기를 끌었다.

하지만 에바에게 주어진 삶은 얼마 되지 않았다. 27세라는 젊은 나이로 영부인 자리에 올랐지만 암으로 인해 불과 33세의 젊은 나이에 목숨을 잃었다.

권력을 사랑하고 대중을 사랑한 그녀의 삶은 인생의 무상함 속으로 사라져 버렸다. 한편 사후 그녀의 애칭인 '에비타'를 제목으로 한 영화와 뮤지컬이 만들어져 많은 인기를 끌었다.

*** 1946년 6월 4일 '후안 페론, 아르헨티나 대통령에 취임' 참조**

1956년 7월 26일

이집트의 나세르 대통령,
수에즈운하 국유화 선언

"수에즈운하는 이집트의 희생하에 구축된 것인데 외국의 부당한 지배하에 있어 이제까지 착취를 받아 왔다. 운하를 국유화하면 이집트가 얻을 수익은 연간 1억 달러에 달할 것이다. 따라서 외국 원조를 얻지 않고도 애스원 댐을 건설할 수 있고 경제적으로도 풍요로운 국가를 건설하게 될 것이다."

-가말 압델 나세르, 혁명 4주년 기념 연설

1956년 7월 26일 이집트 초대 대통령 가말 압델 나세르(Gamal Abdel Nasser : 1918~1970)는 이집트 북부에 있는 알렉사드리아에서 혁명 4주년 기념 연설을 행하였다.

그는 이 연설을 통해 수에즈운하의 국유화를 선언하였다. 영국과 미국이 애스원 댐 원조를 취소시킨 보복 조치였다.

이와 함께 나세르는 이스라엘로 향하는 선박의 통행을 막고 티란 해협을 봉쇄하였다.

서구 각국은 충격을 받았다. 수에즈운하 회사는 사실상 프랑스 소유였고 조차권도 아직 12년이나 남아 있었던 것이다. 영국과 미국은 28일과 31일에 각각 이에 대한 보복 조치로 자국에 있는 이집트의 재산을 동결하였다.

또한 영국과 프랑스는 합동군을 창설하고, 10월 29일 이스라엘이 시나이 반도를 침공한 이틀 후에 수에즈운하를 공격하였다. 이로써 이른바 '수에즈 전쟁'이라고도 불리는 제2차 중동전쟁이 시작되었다.

이 전쟁은 UN의 중재와 개입으로 진정돼 같은 해 말까지 영국과 프랑스군이 철수하고 이스라엘군은 이듬해 3월 철수하였다.

* 1956년 10월 29일 '이스라엘과 아랍 간의 제2차 중동전쟁이 시작되다' 참조

—

1945년 7월 26일

미국 · 영국 · 소련, 포츠담선언 발표

—

카이로선언의 여러 조항을 이행해야 하며 일본의 주권은 혼슈, 홋카이도, 큐슈, 시코쿠와 우리들이 결정하는 모든 섬에 국한할 것이다.

-포츠담 선언문 제8항

1945년 독일 붕괴 이후인 7월, 미국의 대통령 해리 트루먼(Harry Shippe Truman : 1884~1972), 영국 수상 클레멘트 애틀리(Clement Richard Attlee : 1883~1967), 소련의 서기장 이오시프 스탈린(Iosif Vissarionovich Stalin : 1879~1953)은 독일 베를린 교외의 포츠담에 모여 회담을 가졌다. 그리고 26일 선언문을 발표하였다.

여기에는 동프로이센을 광범위하게 축소하고, 독일의 군사력을 해체시키며, 독일을 4개 지역으로 나누어 분할 통치한다는 내용이 들어 있었다. 그리고 한국의 독립도 확인하였다.

이 선언문은 제2차 세계 대전 이후 패전국 처리와 전후 문제 해결에 관한 기본적 원칙을 밝힌 것으로 모든 문제를 해결한 것은 아니었다.

또한 합의 과정에서 패전국과 약소국의 여러 문제가 강대국의 팽창주의에 의해 희생되었다.

한편 미·영과 소련의 의견 차이는 대립으로 이어져 다가올 미·소 냉전 체제를 예고하고 있었다.

1847년 7월 26일

서아프리카의 라이베리아 독립

아프리카 중서부 대서양 연안에 있는 라이베리아 공화국은 '자유의 나라'라는 뜻이다. 라이베리아는 15세기 무렵 유럽에 '후추해안Pepper Coast'이라는 이름으로 알려졌다.

1821년 미국식민협회는 노예 신분에서 해방된 해방 노예들의 국가를 건설할 목적으로, 현재의 수도인 몬로비아에 해방 노예를 이주시켰다. 그리고 미국 버지니아 출신의 혼혈인 조지프 젠킨스 로버츠(Joseph Jenkins Roberts : 1809~1876)는 미국식 제도를 골격으로 한 헌법 및 행정 체제를 채택하였고 1847년 7월 26일에 공화국으로 독립을 선언하였다.

라이베리아는 이주 흑인들이 원주민에 대하여 가혹한 통치를 하여 전 세계의 비난을 받았다. 하지만 1980년 4월 새뮤얼 도우(Samuel

Kanyon Doe : 1951~1990)가 쿠데타를 일으켜 정권을 장악하면서 미국계 해방 노예 및 그 후예들의 지위가 실추되었다.

이후에는 부족 간의 내전으로 여러 번 대통령이 암살되거나 바뀌는 혼란이 계속되었다. 하지만 2006년 아프리카 최초의 여성대통령인 엘렌 존슨 서리프(Ellen Johnson Sirleaf : 1939~)가 취임하면서 안정화에 들어섰다.

라이베리아 공화국은 현재 비동맹외교를 기조로 하는 중립 외교를 전개하고 있으며, 가스 · 석유 · 다이아몬드 등 풍부한 지하자원을 바탕으로 국토 재건에 힘쓰고 있다.

7월 27일

1830년 7월 27일

프랑스 7월 혁명이 발발하다

"인간의 이기심과 원한이 아무리 강하더라고, 인간을 훨씬 뛰어넘는 어떤 절대자의 손이 도와주는 사건에 대해서는 말로 표현할 수 없는 경의를 표하게 된다. 7월 혁명은 사실을 쓰러뜨린 정의의 승리이자 찬란한 빛이 가득한 사건이었다."

-빅토르 위고, 『레미제라블』

프랑스에서 혁명이 일어난 1789년 무렵에는 유럽인 5명 가운데 1명이 프랑스에서 살고 있었다. 이것은 프랑스혁명이 단순히 프랑스만의 혁명이 아니었음을 의미한다.

1789년의 혁명과 1799년 나폴레옹의 등장은 혁명의 씨앗을 유럽으로 퍼트렸다. 혁명과 나폴레옹이 만들어낸 자유와 평등 그리고 민족의식은 사상과 법으로 나타났으며 유럽의 절대왕정을 몰아냈다. 하지만 혁명의 열매를 수확하려면 무더운 여름을 견뎌내야 했다.

1814년 나폴레옹(Napoléon Bonaparte : 1769~1821)이 엘바 섬에 유배되자 오스트리아의 클레멘스 메테르니히(Klemens Wenzel Nepomuk Lothar von Metternich : 1773~1859)를 중심으로 오스트리아에서 빈Vienna 회의가 열려 혁명 이전 시대로 돌아가려는 반동 체제가 성립하였다.

빈 반동 체제의 성립은 1792년에 폐위된 프랑스의 부르봉 왕조를 부활시켜 루이 18세(Louis XVIII : 1755~1824) 시대를 열었다.

하지만 영리한 루이 18세는 프랑스혁명의 성과를 모두 무시하지 않았다. 그는 프랑스 왕위를 계승하면서 입헌 헌장을 인정하여 귀족원과 중의원의 양원제 의회를 허용하였고, 나폴레옹 법전에 따라 법 앞의 평등 및 자녀 상속권의 균등한 상속을 인정하였다.

그러나 혁명 이후 태어난 대다수 사람들이 참정권을 가질 수 없도록 나이와 재산에 따라 자격을 제한하였다. 루이 18세의 통치 기간 동안 프랑스는 대체로 안정된 모습을 갖추었다. 그러나 왕의 조카로 계승권자였던 베리 공작 샤를(Duc de Berry Charles : 1686~1714)이 암살당한 후 구舊체제를 지지하는 세력이 여론을 배경으로 정권을 좌우하였다.

루이 18세를 이은 샤를 10세(Charles X : 1757~1836)는 프랑스혁명으로 단두대에서 처형된 루이 16세(Louis XVI : 1754~1793)의 동생이다. 그는 단순하고 고집 센 반동주의자로서 절대주의 시대를 열렬히 지지하는 사람이었다. 혁명과 나폴레옹 시대의 모든 유산은 그가 가장 무시하는 것이었다. 그는 혁명으로 토지를 몰수당한 귀족들의 의견을 받아들여 잃은 토지에 대한 배상을 명령하였다. 또한 장자상속법 부활을 제안하였고 교회가 누렸던 교육의 권리를 인정하였다.

샤를 10세의 보수 반동 정책은 곧바로 상공 시민, 곧 부르주아 계급의 반발을 일으켰다. 1829년 왕이 반동 정책을 강화하기 위해 의회가 반대하던 폴리냐크(Jules Auguste Armand Marie de Polignac : 1780~1847)를 수상으로 임명하자 의회는 강하게 반발하였다.

1830년 3월 공화파 의원들은 금융가를 중심으로 하여 정부 불신임안을 제출하였다. 이에 맞서 왕은 헌법상 부여된 권한을 이용해 의회를 해산하고 새로운 의원을 뽑도록 하였다. 하지만 선거 결과, 공화파가 승리하자 왕은 다시 의회를 해산시켰다.

7월 25일 왕은 이른바 '7월 칙령'이라는 새로운 칙령을 발표하였다. 정부의 언론 검열, 부유한 자만이 선거할 수 있도록 한 선거권의 축소에 관한 것이 칙령의 주요 내용이었다.

이에 따르면 샤를 10세의 권력은 절대왕정 시대의 권력과 다르지 않은 것이었고, 루이 18세 시대의 헌장은 폐지되는 것이었다. 즉 1789년의 프랑스혁명 이전으로 돌아가는 조치였다. 이는 곧바로 파리 시민들의 저항을 불러왔다.

다음 날, 파리의 신문들은 항의 기사를 싣고 왕의 칙령을 무시하겠다고 발표하였다. 그리고 7월 27일 노동자·수공업자·지식인들로 구성된 공화파가 파리의 시민들을 이끌었다. 3일 동안 시민들은 바리케이드를 치고 왕이 보낸 군대와 경찰 사이에서 대립하였고, 결국 샤를 10

세는 퇴위를 결정하고 영국으로 망명하였다.

시위에 참가하였던 대부분의 사람들은 '영광의 3일간'이라는 7월 혁명을 통해 공화제를 원하였다. 하지만 시위에 찬성한 힘 있는 금융가, 상인, 산업가들은 공화정을 원하지 않았다.

결국 1814년 루이 18세가 공언한 헌법을 지킨다는 합의를 보고 루이 필립(Louis Philippe : 1773~1850)을 왕으로 세우는 입헌군주제를 수립하였다.

이 과정에서 참정권자는 10만 명에서 20만 명의 남성으로 늘어났다. 그러나 참정권은 여전히 1%도 안 되는 상당한 재산을 가진 자만이 누릴 수 있는 권리였다. 결과적으로 7월 혁명에 결정적인 역할을 한 노동자와 소시민들에게는 선거권이 주어지지 않았다.

이러한 불완전한 혁명의 결과는 1848년 2월 혁명의 원인이 되었다.

* 1789년 7월 14일 '프랑스혁명이 일어나다' 참조
* 1848년 2월 22일 '프랑스 2월 혁명 발생' 참조

1945년 7월 27일

영국, 노동당의 애틀리 내각 성립

독일의 항복 후인 1945년 7월 27일에 있었던 영국 총선거에서 노동당은 윈스턴 처칠(Winston Leonard Spencer Churchill : 1874~1965)의 보수당에 압도적인 승리를 거두었다.

그 결과, 부총리를 지낸 노동당 당수 클레멘트 애틀리(Clement

Richard Attlee : 1883~1967)가 노동당 단독 내각의 총리로 임명되었다.

애틀리는 런던 주 푸트니에서 태어났다. 그는 옥스퍼드 대학교를 졸업하고, 이후 변호사로 일하였다. 그는 런던 빈민가의 생활상을 자세히 보고 사회주의에 관심을 가지게 되었다. 1907년 페이비언협회에 가입해 사회주의자가 되었고, 1908년 독립노동당에 입당하였다.

1922년 애틀리는 라임하우스 선거구에서 하원 의원에 당선되었다. 1924년 최초의 노동당 내각에서는 전쟁 차관을 지냈고, 1929년부터 1931년에 걸쳐 2번째 노동당 내각에서는 체신 장관을 지냈다.

1931년 총선거에서 노동당이 패배한 뒤 하원에서의 노동당 지도자를 거쳐 1935년 노동당 당수가 되었다.

제2차 세계 대전 중에는 보수당의 전시戰時 내각에 입각하여 자치령 담당 국무 장관과 추밀원 의장을 역임하였으며, 부총리도 겸임하였다.

그는 포츠담 회담에서 처칠 대신 총리로 참석하였으며, 점진적인 사회주의 실현을 표방하였다.

대외적으로 인도의 독립을 인정하는 등 식민지 축소에 힘쓰는 한편, 대내적으로는 철도 · 은행 등 영국 주요 산업의 국유화, 국민 의료 보험 제도의 창설 등 사회 보장 제도의 확립에 노력하였다.

1951년 총선거에서 보수당에 패배해 총리직을 사임하였다.

1949년 7월 27일

세계 최초의 제트여객기 '코멧' 첫 비행 성공

1949년 7월 27일 영국의 디 해빌런드De Havilland사가 설계 제작한 세계 최초의 제트여객기 '코멧comet'이 첫 비행에 성공하였다.

코멧 1호기는 7월 25일에 완성돼 26일 지상 주행 테스트를 거친 후 마침내 이날 비행에 성공한 것이었다.

코멧은 길이 28.35m, 폭 35.05m의 후퇴날개와 여압객실與壓客室을 갖추고 있는 날씬한 유선형 기체였다. 주主날개에 장착된 4개의 터보제트 엔진은 총중량 48t이나 되는 비행기를 시속 760km의 순항속도로 최장 4,000km나 비행할 수 있게 하였다.

또한 4명의 승무원과 36명의 승객이 별도의 장비 없이 고도 1만 2,000m 상공에서 쾌적하게 여행을 즐길 수 있도록 설계되었다.

영국은 코멧이 최초 비행에 성공한 후 프랑스, 캐나다, 브라질로부터 주문을 받았다. 1952년 5월 2일에는 영국 런던과 남아프리카공화국 요하네스버그 간의 정기항로에 취항하였다.

하지만 1953년 5월 기체 공중분해에 이어 1954년에는 설계상의 결함으로 잇달아 2기가 고도 비행 중 동체 폭발 사고를 당해 취항이 정지되기도 하였다.

7월 28일

1794년 7월 28일

프랑스 혁명가 로베스피에르가 처형되다

"지금 영원한 축복의 시대가 왔으며 프랑스 국민은 그것을 최고의 존재인 신에게 바쳤다. 평등은 모든 선의 근원이며 지나친 불평등은 모든 악의 근원이다."

-로베스피에르

로베스피에르(Maximilien Francois Marie Isidore de Robespierre :
1758~1794)는 1758년 5월 6일, 북프랑스의 아라스에서 태어났다. 외할
머니의 손에서 자란 그는 어려서부터 남달리 총명하였다.

그는 파리의 명문 학교인 루이르그랑 학원에 입학하였다. 졸업 후 로
베스피에르는 서민을 위한 변호사로서 점차 명성을 쌓아갔다.

그는 1789년 삼부회 의원에 당선되었고, 1791년 자코뱅당의 지도자
가 되었다. 그는 반혁명을 진압하고 외국과 벌어질 전쟁에 대비하기 위
해서 공포정치가 필요하다고 생각하였다.

특히 이를 위해 루이 16세(Louis XVI : 1754~1793)의 처형이 반드시 필
요하다는 입장을 견지하였다. 하지만 왕에게 죄를 씌우는 일은 근본적
으로 앞뒤가 맞지 않았다.

구舊체제의 법으로는 물론이고, 1791년의 헌법에서도 왕은 주권자로
서 불가침의 권한을 가졌기 때문이다. 법리적으로 왕이 내란이나 외환
을 시도하지 않은 이상, 통치를 잘못했거나 국민이 증오한다는 이유로
처벌할 수는 없었다.

하지만 결국 로베스피에르는 다음과 같은 말을 통해 루이 16세를 단
두대로 보내 처형함으로써 공포정치의 시작을 알렸다.

"왕은 무죄일지도 모른다. 그러나 그를 무죄라고 선언하는 순간, 혁명이
유죄가 된다. 이제 와서 혁명을 잘못이라고 할 수 있는가? 왕을 죽여야 한
다. 혁명이 죽을 수는 없기 때문이다."

이후 그는 1793년 공안위원회에 가입하여 공포정치를 추진하면서
프랑스 왕을 지지하는 귀족 · 외국인들을 체포하였으며, 파리에서만

5,000명을 사형에 처하도록 하였다. 공안위원회 위원장으로서 이 모든 죽음을 진두지휘했던 로베스피에르는 이렇게 말하였다.

"인권을 억압하는 자들을 응징하는 일, 그것이 자비입니다. 그런 자들을 용서하는 일, 그것은 야만입니다. 폭군의 잔인함은 그저 잔인함일 뿐이지만, 공화국의 잔인함은 미덕입니다."

하지만 공포정치가 독재정치로 흐르자 부르주아 공화파를 중심으로 한 의원들이 반격을 시작했다. 국민공회 또한 1794년 7월 27일 프랑스 혁명력의 제11월을 뜻하는 테르미도르의 반동을 일으켰다. 그 흐름은 막을 수 없었다. 다음 날인 1794년 7월 28일 로베스피에르 역시 단두대에서 처형당하였다.

사상가인 장 자크 루소(Jean-Jacques Rousseau : 1712~1778)의 숭배자로 알려져 있는 로베스피에르는 루소를 위해 다음과 같은 글을 남겼다.

루소, 신성한 그대여. 당신은 나에게 내 몸을 알게 하였고, 나 자신이 어릴 때부터 하늘이 준 고귀한 존재임을 깨닫게 했으며, 사회질서의 위대한 원칙을 깊이 생각하도록 하였습니다.

1976년 7월 28일

중국 탕산 대지진이 일어나다

1976년 7월 28일 새벽 3시 42분, 중국 베이징에서 자동차로 2시간 남짓 거리인 허베이 성 탕산 일대에서 리히터 규모 7.8의 강진이 발생하였다.

15초 동안에 일어난 짧은 지진이었지만, 북북동에서 남남서로 달리는 단층을 따라서 큰 수평 오른쪽에 차이가 발생하면서 100만여 명이 살고 있던 탕산 시는 초토화되었다. 공식 통계로만 14만 9,000명이 숨지고 8만 1,000명이 다쳤다.

당시 지진국에서 일하던 왕청민과 마자거우쾅 지진대의 마시룽 등은 "7월 22일부터 8월 5일 사이 큰 지진이 날 수 있다."고 보고하였다.

하지만 문화대혁명이 한창이던 때라, 권력 다툼에 몰두하던 공산당 상층부는 지진에는 관심이 없었다. 경고는 묵살되었고 탕산 시 지진 사무실의 모니터링 담당자는 갑자기 '노동 개조' 대상이 돼 사무실에서 쫓겨났다.

탕산 대지진이 벌어졌을 때 야오원위안 등 이른바 문화대혁명의 '4인방'은 국내외 언론에 정확한 피해 상황을 공개하지 않아, 신속한 구조 작업에 차질을 빚었다. 또한 중국 정부는 유엔의 구호 제의도 거부하였다. 따라서 그동안 탕산 대지진의 실체에 대해서는 중국 내에서도 잘 알려지지 않았다.

사고 발생 30년이 지난 2005년 9월이 되어서야 비로소 중국 국가 보밀국이 "중국 내에서 자연재해로 인한 사망자 수가 더 이상 국가 기밀

이 아니다.”라고 선포함으로써 탕산 대지진에 대한 보도 내용이 비교적 활발히 알려지게 되었다.

1945년 7월 28일

미국 B25 폭격기,
엠파이어 스테이트 빌딩 78층에 충돌하다

1945년 7월 28일 오전 9시 50분, 짙은 안개로 항로를 이탈한 미 육군 항공대 B25 폭격기가 뉴욕 엠파이어 스테이트 빌딩과 충돌하였다. 이 사고로 14명이 사망하고, 30여 명의 부상자가 발생하였다.

B25 폭격기는 그날 아침 뉴저지 주에 있는 뉴어크 공항을 향하고 있었다. 하지만 기상 상태의 악화로 인해 가시거리가 4km밖에 되지 않았기에 뉴욕 라가디아 공항 상공에 당도했을 때 관제탑으로부터 착륙 권고를 받았다.

그러나 조종사는 이것을 무시하고 계속 비행하였다. 이후 시계가 전혀 확보되지 않은 상태에서 랜딩 기어를 내리고 착륙을 시도하였다. 공항에 도착하였다고 착각했던 것이다.

이윽고 무게 12t인 사고기는 지상 293m 높이에 있는 엠파이어 스테이트 빌딩 78층을 정면으로 들이받았다.

하지만 당시 세계 최고층 빌딩이었던 엠파이어 빌딩은 충돌 지점인 78층과 79층 2개 층에 구멍을 내는 정도의 피해만 입었으며, 파손된 사고 부분도 3개월 이내에 모두 복구되었다.

충돌 비행기의 차체가 적었고 비행기 연료인 가솔린의 양이 적어 건물 전체의 대형 화재로 번지지 않아 대형 참사로 이어지지는 않았다.

1986년 7월 28일

소련공산당 서기장 고르바초프, 블라디보스토크 선언 발표

소련공산당 서기장 미하일 고르바초프(Mikhail Sergeyevich Gorbachyev : 1931~)는 낙후된 소련 경제를 발전시키기 위해 아시아 정책을 수정하였다.

그는 1986년 7월 28일 '블라디보스토크 선언'을 통해 아시아와 태평양 지역의 모든 국가와 다양한 외교 관계를 추진할 것이며 여기에는 예외를 두기 않겠다고 말하고, 한국 및 일본과의 정치적 · 경제적 유대를 가질 것이라고 하였다.

구체적으로는 ① 태평양 연안국 회의의 제창 및 태평양 경제 협력체 참가 의사 표시 ② 몽골 · 아프가니스탄 주둔 소련군 일부 철수 표명 ③ 동아시아 핵무기 감축 제의 등을 제시하였다.

이는 그동안 서구 중심의 소련 정책이 아시아로 전환되었다는 것을 의미하는 것이었다.

고르바초프의 구상은 1988년 크라스노야르스크 연설을 통해서도 재확인되었다.

7월 29일

1856년 7월 29일

독일 작곡가 슈만, 세상을 떠나다

"나는 피아노를 치지 않고 있습니다. 놀라지 마십시오. 나는 이미 단념하였습니다. 그것도 또한 하늘이 준 운명인 것 같습니다."

피아노 연주자로서 꿈을 접은 그때 슈만에게 힘이 되어준 사람은 클라라였다.

로베르트 알렉산더 슈만(Robert Alexander Schumann : 1810~1856)은 독일의 츠비카우에서 태어났다. 아버지는 출판업자였으며 가끔 글을 쓰는 작가이기도 하였다.

슈만은 7세 되던 해부터 피아노를 배우기 시작했으며, 12세 때 첫 작품을 작곡하였다. 하지만 아들의 음악적 재능을 믿고 지원해 주던 아버지가 돌아가시자 음악 공부를 중지하였다.

선생도 아버지도 없는 암담한 세상으로 내던져진 슈만은 어머니의 희망에 따라 법과 대학에 진학하였다. 그는 법학을 공부하면서도 음악에 관심을 기울였고, 결국 법과대 교수인 티보의 추천을 받아 당시 유명한 피아노 교사였던 프리드리히 비크(Friedrich Wieck : 1785~1873)에게 피아노 레슨을 받았다.

슈만은 1830년 가을부터는 아예 비크의 집에 묵으면서 음악에 전념하였다. 그의 어머니도 음악가가 되겠다는 아들의 생각을 받아들일 수밖에 없었다. 그는 좋은 피아니스트가 되겠다는 지나친 욕심에 사로잡혀 손가락 연습을 하다 치명적인 부상을 입었다.

한편 슈만과 클라라 조제핀 비크 슈만(Clara Josephine Wieck Schumann : 1819~1896)의 사랑 이야기는 유럽 음악사에서 가장 유명한 이야기 중에 하나이다. 슈만이 22세 때인 1832년에 피아노 연주자로서 꿈을 접고 있었을 때 클라라는 이미 유럽에서 피아니스트로서 널리 알려져 있었다.

클라라는 슈만과 9년 차이가 나는 어린 나이였지만 아홉 살 때인 1828년에 라이프치히의 게반트하우스에서 공식 연주회를 가졌다.

이후 그녀는 많은 국외 연주회를 치렀고, 바이올리니스트 니콜로 파가니니(Niccolo Paganini : 1782~1840), 피아니스트 프란츠 리스트

(Franz Liszt : 1811~ 1886), 작곡가 펠릭스 멘델스존(Jokob Ludwig Felix Mendelssohn-Bartholdy : 1809~1847) 등과 여러 귀족들의 후원을 받고 있었다. 피아노 대신 악보를 잡은 슈만은 1832년에 「나비」「파가니니 연습곡」과 같은 피아노곡을 작곡하였지만 대단한 평가는 받지 못하였다.

슈만이 클라라에게 사랑에 빠지기 시작한 것은 비크의 집에서 하숙하고 있을 때였다.

"그대가 나에게 첫 입맞춤을 하였을 때 나는 거의 기절할 지경이었습니다. 내 눈앞이 캄캄해져서 그대를 밝혀 드려야 할 등불도 손에 간신히 들었습니다."

"어제 당신의 황홀한 환상곡을 받고, 나는 너무 기뻐서 병이 날 뻔했습니다. 나는 창가로 끌려가서 그대로 아름다운 봄 속에 몸을 던지고 한 아름 꽃을 품 안에 안고 싶었습니다. 그리고 당신의 환상곡을 읽으면서 찬란한 꿈을 꾸었습니다."

슈만과 클라라의 애절한 사랑은 스승이며 클라라의 아버지인 비크의 반대에 부딪혔다. 슈만이 1834년에 「음악신보」를 만들어 낭만주의 음악에 새바람을 불어넣을 때였지만 비크의 반대는 여전하였다. 결국 슈만과 클라라는 비크와 재판에 들어갔고, 둘은 1840년에 결혼 허가를 얻어 신혼여행을 갈 수 있었다.

슈만은 독일 낭만파 음악의 대표적 작곡가이지만 형식을 존중하여 요한 세바스찬 바흐(Johann Sebastian Bach : 1685~1750)를 음악적 스승으로 여겼다. 그리고 그의 신선한 리듬과 색채감이 풍부한 화성법 등은 작품의 품위를 높여 주고 있다. 특히 피아노 독주곡과 가곡은 그의 작품 중에서도 높은 평가를 받고 있다.

그는 클라라와 결혼하기 전에 「환상소곡집」「어린이의 정경」「크라이슬레 리아나」 등을 작곡하였다. 그리고 결혼한 1840년에는 「리더크라이스」「시인의 사랑」「여인의 사랑과 생애」 등 평생에 작곡한 곡의 절반에 이르는 작품들을 발표하였다.

하지만 슈만은 평생 동안 정신분열 증세를 가지고 있었고 자살을 시도하기도 하였다.

그는 결국 1856년 7월 29일 정신병원에서 생을 마쳤다.

1836년 7월 29일

파리 에투알 개선문 완공

근대에 국가주의가 대두하면서 유럽 여러 곳에서 개선문이 세워졌다. 파리의 에투알 개선문과 카르셀 개선문, 도리스식 원주를 배열한 베를린의 브란덴부르크 개선문 등이 대표적이다.

특히 프랑스 파리의 드골 광장 중앙에 있는 에투알 개선문은 높이 51m, 너비 45m, 안쪽 길이 22m를 자랑하는 세계에서 가장 큰 석조 개

에투알 개선문

선문이다. 이 개선문은 프랑스 근세 고전주의의 걸작으로 꼽힌다.

에투알 개선문은 1806년 아우스터리츠 전투를 승리한 나폴레옹 1세가 로마의 티투스 개선문에서 영감을 받아 만들도록 지시하였다.

당시 유명한 건축가였던 장 프랑소아 샬그랭(Jean Francois Therese Chalgrin : 1739~1811)이 설계를 담당하였다. 샬그랭은 고대 로마의 개선문 양식을 모방하기는 하였으나, 마름돌을 사용하여 볼트식 통로의 단순한 아치 형식으로 디자인하였다.

볼트에는 프랑스 공화정 시대와 나폴레옹 치하에서 벌어졌던 128건의 전투 이름이 새겨져 있다. 꼭대기에는 다락을 두었는데, 서른 개의 방패로 장식되어 있다. 각각의 방패에는 전투의 승리가, 그리고 안쪽 벽에는 이 전투에서 전사한 용사들과 558명의 프랑스 장군들 이름이 새겨져 있다.

그리고 네 개의 기둥에는 장 피에르 코르토의 「나폴레옹의 승리, 1810」, 프랑수아 루드의 「1892년 자원병들의 출정」, 앙투안 에텍스의 「저항」「평화」 등의 부조 작품이 있다.

에투알 개선문은 나폴레옹 실각과 부르봉 왕가의 복귀 이후 건축 작업이 중단되었다가 1836년 7월 29일에 이르러서야 완공되었다.

1957년 7월 29일

국제원자력기구 발족

국제원자력기구는 세계 평화와 건강 및 번영을 위해 핵에너지의 확산을 촉진시키고 장려하며, 전 세계를 통하여 핵의 평화적 이용을 위한 원자력 연구개발 및 실제적 적용을 장려 · 지원한다.

-국제원자력기구 헌장

드와이트 아이젠하워(Dwight David Eisenhower : 1890~1969) 미국 대통령은 1953년 국제연합UN 총회에서 국제원자력기구IAEA 설립을 제안하였다. 그리고 1956년에 국제원자력기구 헌장이 조인되었고 이듬해인 1957년 7월 29일에 국제원자력기구가 정식으로 발족하였다.

이 기구의 주요 활동 내용은 전 세계 원자력의 평화적 이용, 연구 개발 실용화를 위한 각종 물자 서비스 설비 제공, 과학기술 정보 교환, 핵의 군사적 사용 금지와 그 확산 방지 등이다.

모두 35개국으로 구성된 이사회가 집행을 맡고 있으며, 이사국의 임기는 2년으로 되어 있다. 이사회가 특정 사안에 대해 어떤 결정을 하기 위해서는 이사국 3분의 2 이상의 동의가 있어야 가능하다.

국제원자력기구 헌장은 회원국이 헌장에 규정된 의무를 준수하지 않을 경우, 회원 자격을 박탈하거나 원자력 기술 협력을 중단할 수 있다고 규정하고 있다.

1905년 7월 29일

일본과 미국, 가쓰라 · 태프트 밀약 체결

1904년부터 1905년 사이에 일어난 러일전쟁에서 일본이 승리한 이후 미국은 일본의 군사력 확대를 우려하였다.

이에 1905년 7월 29일 프랭클린 델러노 루스벨트(Franklin Delano Roosevelt : 1882~1945) 대통령의 특사인 미국의 육군 장관 윌리엄 하워드 태프트(William Howard Taft : 1857~1930)는 일본 총리 가쓰라 다로(桂太郎 : 1848~1913)와 도쿄에서 가쓰라 · 태프트 밀약을 체결하였다.

그 내용은 첫째, 미국이 필리핀을 통치하고, 일본은 필리핀을 침략할 의도를 갖지 않는다. 둘째, 극동의 평화 유지를 위해 미국 · 영국 · 일본은 동맹 관계를 확보해야 한다. 그리고 셋째, 미국은 일본이 한국에 대한 보호권을 갖는 것이 러일전쟁의 논리적인 귀결이며, 이는 극동의 평화에 직접적으로 공헌할 것으로 승인한다는 것이었다.

즉 이 협약으로 인해 일본은 필리핀을 침략하지 않겠다는 것이며 대신 미국은 일본의 한국 지배의 우월권을 인정한다는 것이었다.

이후 조선에 대한 우월적 지위를 인정받은 일본은 1905년 11월에 을사조약 체결을 강압하여 대한제국의 외교권을 박탈하였다.

이 밀약은, 미국 존스홉킨스 대학교 역사학부 교수 테일러 데넷이 루스벨트의 서한집에서 발견함으로써 1924년 세상에 알려지게 되었다.

7월 30일

1935년 7월 30일

페이퍼백의 대명사 『펭귄북스』가 출간되다

영국의 『펭귄북스』 이후 미국의 『포켓북』, 프랑스의 『크세주 문고』, 독일의 『로로로 시리즈』가 세계적으로 유명한 페이퍼백으로 자리 잡았다. 미국에서는 '10센트북'이라고도 하며 출간 도서의 14%를 차지하고 있다.

페이퍼백paperback은 지장본紙裝本이라고도 하며, 값비싼 양장본 대신에 일반 종이 표지와 중질지 이하의 본문 용지를 사용하여 낮은 가격으로 판매되는 책이다.

현대적인 의미의 페이퍼백의 시초는 영국의 출판업자인 알렌 레인(Allen Lane : 1902~1970)이 출간한 『펭귄북스Penguin Books』이다.

알렌은 보들리헤드 출판사의 편집장이었다. 그는 소설가 아가사 크리스티를 만나고 돌아오던 기차역 가판대에 읽을 만한 책이 없는 것을 발견하고 『펭귄북스』의 아이디어를 얻었다.

당시 읽을 만한 책은 으레 고급 양장본인데다 가격도 부담스러웠고, 값싼 문고본은 주로 모험소설이나 싸구려 대중소설만을 취급해 대중의 관심을 끌지 못하였다.

『펭귄북스』의 등장은 책에 대한 통념을 완전히 바꿔 버렸다. 그는 가격이 싸면서도 양질의 현대문학 작품을 문턱이 높은 서점을 피해 기차역이나 가판대에서도 살 수 있도록 마케팅 기법을 생각하였다.

알렌은 새 출판사의 상징으로는 '기품이 있되 경망스러운' 펭귄을 선택하였다. 그리고 여타 페이퍼백의 저속한 표지 대신 세 개의 가로선이 그어진 백색 표지 중앙에 제목과 작가 이름이 산세리프체로 인쇄된 산뜻한 장정을 만들었다.

알렌은 1935년 7월 30일에 어니스트 헤밍웨이(Ernest Miller Hemingway : 1899~1961)의 『무기여 잘 있거라A Farewell to Arms』, 아가사 크리스티(Agatha Christie : 1890~1976)의 『스타일스 저택의 미스터리The Mysterious Affair at Styles』 등을 포함한 10권을 첫 시리즈로 판매하였다.

당시 영국 노동자 하루 임금의 20분의 1에 불과한 권당 6펜스라는 저렴한 가격에 품위까지 갖춘 『펭귄북스』의 등장은 초판 2만 부를 순식간에 동나게 할 정도로 대중의 독서열을 자극하였다.

이후『펭귄북스』는 1년 만에 300만 부가 팔리면서 '페이퍼백 혁명'을 불러일으켰다. 펭귄북스의 인기에 힘입어 1937년에는 자매서인『펠리컨북스』도 나왔다.

이어 페이퍼백 문고는 1939년 미국의『포켓북스』, 1941년 프랑스의『크세주문고』, 1950년 독일의『로로로 시리즈』등으로 발전하였다.

현재에도『펭귄북스』는 영국에서만 매년 1,000만 부 이상이 팔리고 있다.

2009년 7월 30일

인도 마지막 왕비 갸야트리 데비 타계

유명 패션잡지인『보그』가 한때 '세계 10대 미인' 가운데 한 사람으로 선정할 만큼 출중한 미모를 자랑했던 갸야트리 데비(Maharani Gayatri Devi : 1919~2009)가 2009년 7월 30일 90세를 일기로 타계하였다.

인도 북서부 라자스탄 주에 존재했던 토후국 자이푸르의 마지막 왕비이기도 했던 데비는 1919년 인도 서벵골 지역의 토후국 쿠츠 베하르의 공주로 태어났다. 그녀는 인도 비스타바라티 대학교와 영국의 비서학교에서 공부하였다.

이후 1940년 5월 토후국 자이푸르의 왕 사와이 만 싱 2세(Sawai Man Singh Ⅱ : 1912~1970)와 결혼하여 그의 세 번째 부인이 되었다.

결혼 후 데비는 인도에서 여성들이 남편이나 직계가족 외에 다른 남자들과 접촉하는 것을 엄격하게 금지하는 이른바 '푸르다purdah' 관습을 타파하는 데 앞장섰다. 또한 여성 교육에도 관심을 가져 1943년에는 자이푸르에 자신의 이름을 딴 여자 학교를 설립하였다.

1962년에는 국회의원으로 당선되었으며, 이후 정치 활동을 활발하게 전개하며 3선에 성공하였다. 그러나 1971년 인디라 간디(Indira Priyadarshini Gandhi : 1917~1984) 총리의 왕족 탄압 정책에 따라 데비는 탈세 혐의로 5개월간 투옥되기도 하였다.

이후 정계에서 물러나 만년까지 자이푸르의 옛 모습을 되찾기 위한 활동을 전개하였으며, 인도 전통 의상인 사리Sari 등을 전 세계에 알리는 역할을 하기도 하였다.

1976년에는 자서전 『내 사랑 인도A Princess Remembers』를 펴냈다.

2004년 7월 30일

배우 출신 오기 지카게,
일본 여성 최초 참의원 의장에 선출

오기 지카게(扇千景 : 1933~)는 일본 고베에서 태어났다. 본명은 하야시 히로코林寬子이다. 그녀는 고등학교 졸업 후인 1952년 다카라즈카寶塚 가극단에 들어가 영화배우로 활동하였다. 이후 TV 사회자로도 일하며 유명해졌다.

그러던 1977년 후쿠다 다케오(福田赳夫 : 1905~1995) 총리의 제안으로 정계에 입문하였다. 그해 참의원에 당선된 뒤 내리 4선을 기록하였다.

2000년에는 일본 여성으로는 최초로 우리나라의 건설교통부 장관에 해당하는 건설상에 임명되었다. 건설상으로 일하면서 밤 시간 이용이

어려운 나리타 공항 대신 하네다 공항에 국제선 정기편 취항이 가능하도록 하였다.

그리고 2004년 7월 30일 일본의 상원에 해당하는 참의원 의장에 만장일치로 선출되었다. 이것 또한 일본 여성 의원으로서는 최초의 일이었다.

이후 그녀를 여성 총리로 추대한다는 움직임이 있었으나 결국 일본 여성 최초의 총리 입성에는 실패하였다.

오키 지카게는 2007년 5월 정계에서 은퇴하였다.

7월의
모든 역사

7월 31일

1944년 7월 31일

프랑스 소설가 생텍쥐페리 실종되다

"길들인다는 게 뭐지?"

어린 왕자가 말했다.

"그건 사람들이 너무 잘 잊고 있는 건데……. 그건 관계를 만든다는
뜻이야."

여우가 말했다.

"관계를 만든다고?"

"그래."

여우가 말했다.

"넌 아직 나에겐 수많은 다른 소년들과 다를 바 없는 한 소년에 지
나지 않아. 그래서 난 너를 필요로 하지 않고. 나 역시 너에겐 수많
은 다른 여우와 똑같은 한 마리 여우에 지나지 않아. 하지만 네가
나를 길들인다면 나는 너에게 이 세상에 오직 하나밖에 없는 존재
가 될 거야."

-생텍쥐페리, 『어린왕자』

프랑스인들이 '20세기 최고의 작가'로 자랑하는 생텍쥐페리(Antoine de Saint-Exupery : 1900~1944)는 1900년 리옹에서 태어났다.

그는 1912년 12세 때 처음으로 비행기를 탔다. 조종사 베드린이 모는 비행기를 타고 앙베리외 공항에서 처음 이륙했던 것이다.

성인이 된 생텍쥐페리는 1921년 공군에 소집되어 전투비행단 제2연대 소속으로 스트라스부르에서 근무하였다. 처음에는 정비부대 소속이었지만 개인 교습을 받은 후 조종사가 되었다. 이후 에어프랑스의 항공사 직원으로 근무하였다.

1926년부터는 프랑스의 툴루즈와 서아프리카 세네갈 다카르를 오가는 항로 우편기를 조종하였다. 이때의 경험을 바탕으로 『남방 우편 Courrier-Sud』을 1928년에 출판하고, 1931년에는 『야간 비행Vol de nuit』을 발표하였다.

제2차 세계 대전이 발발하자, 43세의 늦은 나이로 공군에 재입대하여 자유 프랑스군 조종사로 북아프리카 전선에 투입되었다. 그는 전쟁에 참여하면서도 틈틈이 집필을 계속하였다. 그리고 1943년에 자신의 대표작인 『어린 왕자Le Petit Prince』를 발표하였다.

그의 인생은 비행기를 떼놓고는 온전한 이해가 불가하다. 『남방 우편』에서는 주인공인 조종사가 사막에서 죽고, 『야간 비행』에서는 앞날을 예감이라도 하듯 어디론가 멀리 날아간 조종사와 지상 간의 교신이 두절된다. 『어린 왕자』에 등장하는 사막 위의 조종사도 파리와 사이공 사이의 최단 비행 기록을 목표로 날던 중 사하라 사막에 불시착한 경험에서 탄생한 인물이다.

1944년 7월 31일 오전 8시 30분, 생텍쥐페리는 그의 고향 리옹 부근에 주둔해 있던 독일군의 이동을 추적하기 위해 정찰기를 타고 코르시카 섬 미 공군 기지를 이륙하였다. 채워진 연료로는 6시간만 비행할 수 있었다. 하지만 오후 2시 30분이 되도록 생텍쥐페리는 돌아오지 않았다.

이후 생텍쥐페리가 독일군의 공격으로 바다에 추락했을 것이라는 추정만 있었을 뿐 정확하게 드러난 정황은 없었다.

그러던 1998년 프랑스 마르세유 남동쪽 바다에서 어부들이 은팔찌를 건져 올렸는데, 거기에 생텍쥐페리와 그의 아내 콘수엘로의 이름이 새겨져 있었다. 그리고 몇 년 뒤에는 당시 실종된 비행기로 보이는 잔해가 발견되었다.

또한 제2차 세계 대전 당시 독일군 조종사로 복무한 호르스트 리페르트는 2008년 3월에 출간된 『생텍쥐페리, 최후의 비밀』이란 책에서 자신이 생텍쥐페리가 몰던 정찰기를 요격하였다고 주장하였다.

이로써 생텍쥐페리가 독일군의 공격으로 바다에 추락했을 것이라는 추정은 점점 신빙성을 더하고 있다.

1954년 7월 31일

이탈리아 등반대,
세계에서 두 번째로 높은 K2 등정 성공

"사람을 기진맥진하게 만드는 K2 등반에 비하면, 에베레스트는 뚜렷이 끝이 보이는 그야말로 산책과 같다"

-라인홀트 메스너

북위 35도 53분, 동경 76도 31분. 파키스탄과 중국의 국경 지역인 발토르 빙하에 있는 K2는 해발 8,611m로 세계에서 두 번째로 높은 봉우리이다. K2는 히말라야 산맥에 솟아 있는 14개 8,000m급 고봉 가운데 세계 최고봉인 에베레스트를 제외하곤 가장 잘 알려져 있다.

K2라는 이름은 1856년 독일의 과학자 아돌프 슈라긴트바이트와 영국의 측량장교 몽고메리가 카슈미르에서 바라본 카라코람의 고봉을 K1부터 시작해서 차례대로 K2, K3 …… K32까지 기록한 데서 비롯하였다. 현지인들은 초고리Chogori 또는 답상Dapsang이라고 부른다.

K2 최초의 원정은 1902년 영국의 오스카 에켄슈타인(Oscar Johannes Ludwig Eckenstein : 1859~1921)이 이끈 영국 · 오스트리아 연합 원정대가 시도하였다. 에켄스타인은 발토르 빙하를 거슬러 올라가 K2 바로 아래인 5,700m에 베이스캠프를 설치하였다. 그리고 6,525m까지 도달했으나 대원들의 부상과 악천후로 퇴각하였다.

이때 등정을 시도한 루드비히 폰 사보엔은 "정상은 인간이 도달할 수 있는 거리 밖에 있다. 나는 사람이 오를 수 없는 벽이 있는 그런 산을 처음 보았다"고 고백하였다.

그 후 몇 차례의 원정이 있었으나 실패하였다.

그러던 중 미국 원정대가 1939년에 K2의 해발 8,367m까지 진출해 정상 정복의 기쁨을 누릴 기회를 얻었다.

그러나 날이 어두워지자 어둠 속에는 사람을 잡아먹는 귀신이 있다고 믿는 셰르파의 등반 거부로 마지막 정상 공격을 포기해야 했다. 미국 팀은 하산 길에서 대원 한 명과 셰르파 네 명이 목숨을 잃는 비극으로 등반을 끝냈다.

아르디토와 데지오가 이끄는 이탈리아 원정대는 수년 전부터 K2 등반을 준비하였다. 그리고 결국 그들의 선배인 아부르지가 개척한 남동

릉을 통해 1954년 7월 31일 K2의 정상에 섰다.

이탈리아 원정대는 등반에 성공하였지만, K2 정상에 발을 들여놓은 등정자의 이름을 밝히지는 않았다. 등정의 영광은 두 사람만의 몫이 아닌 원정대원 전체의 몫이라는 것이 그 이유였다.

1919년 7월 31일

독일 국민회의, 바이마르 헌법 의결

제국의 대통령은 라이히Reich에서 공적 안전과 질서가 심각하게 동요되거나 위협당할 때 공적 안전과 질서를 회복하기 위하여 필요한 조치를 할 수 있고 …… 규정된 기본권의 전부 또는 일부 효력을 정지할 수 있다.

-바이마르 헌법 제48조

제1차 세계 대전 패전 후, 독일 임시 정부는 바이마르에서 헌법을 제정하기 위한 국민의회를 열었다. 국민의회는 1919년 7월 31일 새로운 헌법인 바이마르 헌법을 찬성 262표, 반대 72표로 가결하였다.

바이마르 헌법은 당시로서는 가장 민주적인 헌법으로 이후 세계 많은 나라에 영향을 끼쳤다. 이 헌법은 주권재민, 20세 이상 남녀의 보통선거, 국민의 직접투표에 의한 대통령제 등을 규정하고 있다.

그러나 제48조에 따르면 비상시에는 대통령이 모든 권한을 갖는다는 것을 인정하였다. 이는 곧 정당의 난립으로 의회가 정상화되지 않을 경우 대통령이 대중의 인기를 기반으로 긴급령을 발동하여 독재 정치를 실시할 수 있는 가능성을 가지고 있는 것이었다. 이것은 후에 아돌프 히틀러의 독재를 가져오는 원인이 되었다.

바이마르 헌법은 8월 14일에 공포, 시행되었다.

1914년 7월 31일

프랑스 정치가 장 조레스, 총격으로 사망

장 조레스(Auguste Marie Joseph Jean León Jaures : 1859~1914)는 프랑스의 카스트르에서 태어났다. 그는 파리의 고등사범학교를 졸업하고 이후 툴루즈 대학교의 철학 강사로 일하였다.

1885년 총선에 출마하여 26세의 나이로 국회의원에 당선되었다. 처음에는 공화파를 지지하였으나 신흥 자본가들의 횡포를 보고 사회주의적인 경향을 보이기 시작하였다.

1893년 총선에서 당선 후에는 카르모 광산 노동자들의 파업을 지지하였으며, 1901년에는 프랑스 사회당을 결성하였다. 그는 프랑스 사회당과 노동운동을 하나로 통합하는 업적을 남겼다.

그러나 제1차 세계 대전 발발을 앞두고 반전反戰 운동을 하던 장 조레스는 1914년 7월 31일 광신적인 국가주의자 라울 발랭(Raoul Villain : 1885~1936)에게 암살당하였다. 프랑스 사회당의 기관지였던 『뤼 마니테』 편집자들과의 저녁 식사 도중이었다.

1948년 7월 31일

미국 뉴욕, 케네디 공항 개항

미국 뉴욕에는 케네디 국제공항JFK, 뉴어크 국제공항EWR, 라가디아LGA 공항이 있다. 이 중 케네디 국제공항은 미국을 대표하는 공항 중 하나이다.

케네디 공항은 맨해튼 도심에서 동쪽으로 24km 떨어진 퀸스 구 자메이카에 있으며, 1948년 7월 31일에 뉴욕 국제공항으로 개항하였다.

1963년 12월 존 피츠제럴드 케네디(John Fitzgerald Kennedy : 1917~1963) 대통령 암살 사건 이후 케네디 공항으로 개칭하였다.

국제선 노선 수 및 이용객 수가 미국에서 가장 많은 공항으로, 미국으로 들어가는 최대의 국제 관문 역할을 하고 있다.

이곳에는 국제선 터미널 외에도 델타, 유나이티드, 아메리칸, 노스웨스트 등 여러 항공 회사의 전용 터미널들이 있다.

7월의 모든 역사_세계사

초판 1쇄 인쇄 2012년 7월 1일
초판 1쇄 발행 2012년 7월 5일

지은이 이종하

펴낸이 김연홍
펴낸곳 디오네

출판등록 2004년 3월 18일 제313-2004-00071호
주소 121-865 서울시 마포구 연남동 224-57
전화 02-334-7147　**팩스** 02-334-2068
주문처 아라크네 02-334-3887

ISBN 978-89-92449-94-6　03900